MIEKE MOSMULLER

DER HIMMEL AUF ERDEN

MIEKE MOSMULLER

DER HIMMEL AUF ERDEN

Die Engel-Hierarchien und der Mensch

OCCIDENT VERLAG

Aus dem Niederländischen
von Holger Niederhausen

1. Auflage Dezember 2015

2. Auflage Mai 2021

Band MM 44
ISBN 978-3-00-051901-7

Internet: www.occidentverlag.de
E-Mail: info@occidentverlag.de
Grafische Gestaltung: Carina van den Bergh
Umschlagabbildung: Die Krönung der Magd, Fra Angelico, 1432.

INHALT

ERSTER VORTRAG

Rotterdam, 20. November 2015

Die Frage nach der Wahrheit

Das vorige Mal habe ich einen Versuch gemacht, die Entwicklung des Menschen als Wahrheitswesen einigermaßen zu beschreiben. Diesmal will ich einen sehr anderen Zugang zu der Antwort auf die Frage, was Wahrheit ist, suchen. Es ist eine viel zu große Frage für einen Abend, aber ich werde doch versuchen, einen Zugang zu finden. Es ist eine wesentliche Frage für uns Menschen. In unserer Zeit ist die Antwort in die Richtung gegangen von: vielleicht existiert sie nicht, oder sie ist abhängig von der Person, dem Ort und der Zeit.

Tatsächlich kommt die Frage nach der Wahrheit erst in der Zeit auf, wo der Mensch wirklich selbstständig zu denken beginnt. Die Frage kann nicht aufkommen, wenn man ganz in das göttliche Dasein aufgenommen ist. Die Frage kommt erst auf, wenn man sich vom Dasein getrennt fühlt und zu zweifeln beginnt, ob es wohl wahr ist, was man darüber denkt. Wenn man die Philosophie von Platon zur Hand nimmt, und man sucht nach seinen Antworten auf die Frage, was Wahrheit ist, dann findet man die Antwort natürlich nicht in *einem* Satz beschrieben, aber man kann es sehr wohl zusammenfassen. Platon sah die Wahrheit nicht als etwas an, was auf Erden anwesend ist. Er betrachtete das Erdendasein als ein stets wechselndes und unbeständiges Geschehen. Man kann da nicht von einer Wahrheit sprechen, man muss diese in der Ideenwelt suchen. Platon beschreibt die vorgeburtliche Ideenwelt als beständig, ewig und wahr. Die Welt, die wir mit den Sinnen wahrnehmen, sah er dagegen als unbeständig, zeitlich und nicht ohne weiteres wahr an. Das muss man dann immer wieder in einer meditativen Besinnung zu vertiefen versuchen. Man bekommt dann einen Eindruck, wie man den platonischen Begriff der Wahrheit fassen muss.

Dann kommt der große Übergang zu der Philosophie von Aristoteles. Es ist in gewissem Sinn witzig, wenn man die Definition von Wahrheit vernimmt, wie Aristoteles sie sieht. Es sind vier Sätze:

- Wenn etwas so ist, und man sagt, dass es so ist, dann ist das Wahrheit.

- Wenn etwas so ist, und man sagt, dass es nicht so ist, dann ist das Unwahrheit.

- Wenn etwas nicht so ist, und man sagt, dass es nicht so ist, dann ist das Wahrheit.

- Wenn etwas nicht so ist, und man sagt, dass es doch so ist, dann ist das Unwahrheit.

Das hat den Namen *Korrespondenztheorie* der Wahrheit bekommen. Was ist oder nicht ist, muss auf dieselbe Weise als ‚ist' und ‚ist nicht' übersetzt werden. Damit ist Aristoteles' Theorie der Wahrheit in Kürze wiedergegeben. Er hat auch Texte über die höhere Wahrheit geschrieben, die man in den Büchern über die Metaphysik suchen muss. Darin kommt seine Sicht auf Wahrheit wieder in die Nähe von Platons Sicht. Aber das ist ein anderes Gebiet der Wahrheit.

Bis in das Mittelalter wirkte diese Sicht weiter. In der Zeit der Bewusstseinsseele kommt der Zweifel an allem auf. Einer der Sprecher in Bezug darauf ist Kant. Er sagt nicht mehr: Wenn etwas so ist, und man sagt, dass es so ist, dann ist es Wahrheit. Es bricht die Zeit in der Philosophie an, in der man zu fragen beginnt: Ja, aber was bedeutet es, wenn man sagt, dass etwas so ist? Woher weiß man dann, dass es so ist? Man kann sich darin völlig verfangen, man kann diese Frage bis ins Unendliche stellen. Der Schnee ist weiß, das ist eine Tatsache. Aber wie weiß man, was das ist, was man da sagt? Ist der Schnee auch in Wirklichkeit weiß?

Bei Kant findet man dieses Problem auf einem hohen philosophischen Niveau behandelt: ‚*Die Kritik der reinen Vernunft*'. Die Wahrheit bleibt in den ‚Urteilen a priori' übrig. Es sind die mathematischen

Urteile, in denen die Wahrheit im Begriff selbst liegt. Wenn man den Begriff des Kreises denkt, dann kann man in diesem Begriff selbst unmittelbar erkennen, dass dieser Begriff wahr ist. Die Wahrheit liegt darin beschlossen, es braucht keine Korrespondenz mit einer anderen Wirklichkeit außerhalb. Kant erkennt nicht die Korrespondenz mit der Wirklichkeit. Was für Aristoteles noch eine Sicherheit war: dass es eine Wirklichkeit gibt, die so ist, wie sie ist, und dass der Mensch imstande ist, diese Wirklichkeit zu erfassen und zu übersetzen – das sehen wir bei Kant ausführlich zu einem Problem ausgearbeitet.

Dann kommt der Idealist Hegel. Er findet noch ein anderes A-priori-Gebiet im Denken als nur die Mathematik. Er zieht sich als Idealist ganz in das Denken selbst zurück, er wird der Philosoph des Gedankens und kommt mit dem Vorschlag, es als Wahrheit zu betrachten, wenn Gedanken *kohärent* sind, wenn Gedanken miteinander in Zusammenhang stehen. Eine Korrespondenz mit der Wirklichkeit spielt bei Hegel zunächst keine Rolle, diese schafft er nachträglich, nachdem ein großartiges Gedankengebäude aufgebaut ist. Er hat das Denken selbst als Wahrheit gesetzt.

Dann kommt die Zeit der phänomenologischen Philosophie. Husserl betrachtet als Wahrheit, was evident ist. Er meint, dass der Mensch imstande ist, unmittelbar die Wahrheit als evident zu erleben. Dann kommt unsere Zeit, es gibt natürlich noch allerlei Auffassungen, und in der Zeit nach dem Zweiten Weltkrieg kommt die Theorie *des Kommunikativen* auf. Das bedeutet, dass von Wahrheit nur dann gesprochen werden kann, wenn eine möglichst große Anzahl von Menschen findet, dass etwas wahr ist.

Korrespondenz, Kohärenz und Kommunikation.

Bei Rudolf Steiner findet man eine variierte Auffassung über die Wahrheit, wobei hier alle drei ihren Platz finden können. In der ersten Erkenntnistheorie, GA 2*, findet man in dem Kapitel über das Den-

* GA 2: Grundlinien einer Erkenntnistheorie der Goetheschen Weltanschauung.

ken Wahrheit als eine Übereinstimmung der Gedanken im Inneren des Menschen betrachtet. Wenn man mit einem Rätsel konfrontiert wird, dann hat man keine Ruhe bis zu dem Moment, wo man das Rätsel gelöst hat, und diese Lösung bedeutet, dass man es so denken kann, dass es in das Ganze von Gedanken, Begriffen und Ideen passt, die man schon hatte. Man hat ja ein Ganzes von Auffassungen, Meinungen, Urteilen und Kenntnissen. Es zeigt sich nun etwas, was da nicht unmittelbar hineinpasst. Man beginnt, zu denken und zu suchen, bis man eine Lösung gefunden hat, wodurch man das Problem in das Ganze des Denkens hineinstellen kann, das man schon hatte. Rudolf Steiner sagt: Dann fühlt man sich in dem Besitz der Wahrheit. Die Harmonie ist wiedergefunden, von neuem zustande gebracht.

Er beschreibt da die Welt der Sinneseindrücke als eine andere Form der Idee. In diesem Sinne könnte man sagen, dass er vor allem eine Kohärenz-Idee bezüglich der Wahrheit hat. In meiner eigenen Erfahrung mit dem Werk Rudolf Steiners ist das ein sehr wichtiger, tragender Aspekt im Annehmenkönnen der Wahrheit seines Werkes: dass es ein großes, zusammenhängendes Ganzes ist. Man kann zwar Momente von Widerspruch haben, in denen man denkt: ich habe gerade etwas ganz anderes gelesen, und nun sagt er das Umgekehrte. Aber im Lauf der Zeit kommt man dahinter, dass es immer von einem bestimmten Gesichtspunkt aus geschildert ist und dass man selbst es nicht gewohnt ist, ein und dasselbe Thema, unter Verwendung derselben Worte, von einem anderen Standpunkt aus zu beschreiben. Der moderne Mensch steckt sehr in den Worten fest. Wenn man bestimmte Worte liest, dann hat man schon unmittelbar eine bestimmte Bedeutung dafür. Nun muss man lernen, den Worten eine viel weitere Bedeutung zuzugestehen. Das ist dann kein Widerspruch. Es geht immer um einen anderen Gesichtspunkt. Das macht einen sehr beweglich, man kann sich nicht fortwährend an den Worten verschlucken, man muss in Bewegung bleiben können. Gerade dann merkt man in diesem großen Werk – noch viel größer als das von Platon –, dass es eine Kohärenz in den Gedanken gibt.

Aber es geht auch um den Gedanken der Korrespondenz. Dieser ist auf ein viel höheres Niveau gekommen, als er es bei Aristoteles war. Die vier Sätze werden dem Geistreichtum von Aristoteles natürlich nicht gerecht. Doch bei Steiner findet man diesen Geistreichtum im Text ausgedrückt. Wenn er sagt: die Sinneseindrücke sind eine andere Form der Idee – dann will er uns darauf hinweisen, dass wir in der Wirklichkeit stehen, dass wir damit vereinigt sind, dass wir uns aber um der Freiheit willen daraus befreien mussten und also auf eigenen Denkbeinen stehen. Dadurch haben wir das Gefühl, dass das Denken etwas anderes ist als die Wirklichkeit. Aber man würde sich so weit entwickeln können, dass man wieder erlebt, dass das, was an Ideen geformt werden kann, eine Sprache der Wirklichkeit ist. Dass es also nicht so ist, dass man fortwährend am Sprechen ist und es also auch sein könnte, dass man Unsinn ausspricht. Sondern dass man, wenn man wirklich denkt, eine Übersetzung der Wirklichkeit in seinem Denken hat. Das ist bei den Menschen verschieden. Nicht, dass jeder eine eigene und andere Wahrheit hätte. Aber es ist so, dass die Menschen, indem sie auf jeweils andere Weise in der Wirklichkeit stehen, die Wahrheit auf eine andere Weise übersetzen. Hier schließt Steiner an Goethe an.

Ich habe einige ‚Sprüche in Prosa' von Goethe mitgenommen. Ich will ein paar vorlesen. Er spricht in kurzen Sätzen über das Erkennen.

‚Kenne ich mein Verhältnis zu mir selbst und zur Außenwelt, so heiß' ich's Wahrheit. Und so kann jeder seine eigene Wahrheit haben, und es ist doch immer dieselbige.'

‚Es wäre nicht der Mühe wert, siebzig Jahre alt zu werden, wenn alle Weisheit der Welt Torheit wäre vor Gott.'

‚Der Mensch ist genugsam ausgestattet zu allen wahren irdischen Bedürfnissen, wenn er seinen Sinnen traut und sie dergestalt ausbildet, daß sie des Vertrauens wert bleiben.'
‚Die Sinne trügen nicht, das Urteil trügt.'

‚Es ist daher das beste, wenn wir bei Beobachtungen soviel als möglich uns der Gegenstände und beim Denken darüber soviel als möglich uns unsrer selbst bewußt sind.'

‚Ein dürres Blatt, vom Wind getrieben, sieht öfters einem Vogel gleich.'

‚Der Mensch an sich selbst, insofern er sich seiner gesunden Sinne bedient, ist der größte und genaueste physikalische Apparat, den es geben kann; und das ist eben das größte Unheil der neuern Physik, daß man die Experimente gleichsam vom Menschen abgesondert hat und bloß in dem, was künstliche Instrumente zeigen, die Natur erkennen, ja, was sie leisten kann, dadurch beschränken und beweisen will.
Ebenso ist es mit dem Berechnen. – Es ist vieles wahr, was sich nicht berechnen läßt, sowie sehr vieles, was sich nicht bis zum entschiedenen Experiment bringen läßt.
Dafür steht ja aber der Mensch so hoch, daß sich das sonst Undarstellbare in ihm darstellt. Was ist denn eine Saite und alle mechanische Teilung derselben gegen das Ohr des Musikers? Ja man kann sagen: was sind die elementaren Erscheinungen der Natur selbst gegen den Menschen, der sie alle erst bändigen und modifizieren muß, um sie sich einigermaßen assimilieren zu können.'

‚Wir würden gar vieles besser erkennen, wenn wir es nicht zu genau erkennen wollten.'

‚Mikroskope und Fernrohre verwirren eigentlich den reinen Menschensinn.'

‚Es sind immer nur unsere Augen, unsere Vorstellungsarten, die Natur weiß ganz allein was sie will, was sie gewollt hat.'

‚Alles, was im Subjekt ist, ist im Objekt und noch etwas mehr. Alles, was im Objekt ist, ist im Subjekt und noch etwas mehr. Wir sind auf doppelte Weise verloren oder geborgen. Dem Objekt sein Mehr zuzugestehen und auf unser subjektives Mehr zu verzichten. Das Subjekt mit seinem Mehr zu erhöhen und jenes Mehr nicht anzuerkennen.'

Goethe hat sehr viel an dem Urteil zu leiden gehabt, das die Menschen über seine Art, die Naturwissenschaft zu betreiben, hatten. Diese Sprüche sind eine Art Apologie und auch ein Kampf, in einer Zeit, in der die Entwicklung von Instrumenten für die Erforschung der Natur immer mehr Raum bekam.

Das, was man hier, in diesen kurzen Impressionen seiner Theorie des Erkennens, findet, das findet man spiritualisiert bei Steiner wieder. Bei ihm findet man die Sicherheit ausgestrahlt, dass der Mensch in der Wirklichkeit steht und dass die Sinne den einen Teil der Wirklichkeit wahrnehmen und das Denken den anderen Teil, dass aber beide aus derselben Quelle hervorgehen: der Wirklichkeit.

In diesem Sinne ist es auch eine kommunikative Wahrheit, die Rudolf Steiner beschreibt. Bei ihm geht es nur darum, dass es wirklich die *Idee* ist, die beim Menschen als Gedanke aufkommt, zum Vorschein gebracht wird, und nicht einfach subjektive Sympathien und Antipathien, die als Gedanken produziert werden. Wirklich die objektiven Gedanken. Wenn das der Fall ist und man ist mit einer Gruppe von Menschen zusammen, die objektive Gedanken denken können, und man kann diese austauschen, dann geht es um eine kommunikativ gebildete Wahrheit. Die Individualität mit ihrer individuellen Übersetzung der Wahrheit schließt an die andere Individualität mit deren Übersetzung der Wahrheit an, wodurch diese reicher wird. Wir finden also die korrespondierenden, kohärenten und kommunikativen Aspekte der Wahrheit bei Steiner wieder.

In seinem Frühwerk hat Steiner ein Zeugnis davon abgelegt – dies müssten wir hören. Auf der einen Seite das Individuum, das aus dem Ganzen abgesondert ist und sich so fühlt – aber auf der anderen Seite das Individuum, das imstande ist, zu denken, das Individuum selbst als Begriff zu fassen, so dass das eigene Individuum gleichsam einen Platz im Ganzen einnimmt, der denselben Wert hat wie alle anderen Dinge. Das eigene Individuum wird Objekt und vereinigt sich so mit dem Ganzen. Man fühlt sich als Teil des Ganzen. So fühlt man sich normalerweise nicht, man fühlt sich vom Ganzen abgeschlossen, und man ist da allein. Nun nimmt man eine Ausnahmeposition ein, indem man sich selbst als Denker anschaut, so, wie man auch alle anderen Dinge anschaut. Dadurch wird man durch sich selbst dem anderen hinzugefügt. Die Wichtigkeit des einen Individuums, das man ist, nimmt einen ganz anderen Wert an, man ist in das Ganze aufgenommen. In vier Gebieten tut der Mensch dies: in der Wissenschaft, der Kunst, der Religion – aber als allerhöchstes Gebiet nennt Steiner ... die Liebe.*

Dann erklingt die Frage: Was ist Wahrheit? Jeder Mensch hat in sich diese Wahrheit, darum geht es. Wenn ich Sie fragen würde: Was ist Wahrheit? dann weiß das jeder, ohne weiteres. Man kann es vielleicht nicht sagen, aber jeder Mensch weiß wirklich, was Wahrheit ist. Wenn man es sagen muss, dann wird es etwas anderes, dann muss man anfangen, darüber nachzudenken und es ausführlich beschreiben. Doch an sich ist es für jeden Menschen wirklich deutlich, was Wahrheit ist. Wenn man sich damit beschäftigen und sich darauf besinnen würde, dann würde man mit der Wahrheit auch ganz anders umgehen.

Es ist ein Wort, ein Satz, in dem diese Frage in der Geschichte ausgesprochen wurde – die Frage von Pontius Pilatus: *Was ist Wahrheit?* Es ist ein unglaublich schockierender Moment, in dem er diese Frage stellt.

Ausgehend davon finden wir etwas sehr Besonderes in Rudolf Steiners Werk. Wahrheit hat eine Verwandtschaft mit Glaube. Man glaubt etwas, weil man weiß, dass es wahr ist. Man kann auch eine andere Form von Glauben haben: Ich glaube etwas, obwohl ich nicht weiß, dass es wahr ist. Aber eigentlich müsste es wahrer Glaube sein, dass man etwas glaubt, dass zwar mit äußerlichen Maßstäben nicht bewiesen ist, von dem man aber weiß, dass es wahr ist. Man bräuchte dann nicht zu zweifeln, man bräuchte auch niemals davon abzufallen, denn man weiß, dass es wahr ist.

Wenn man also fragt: Was ist Wahrheit? dann kommt man in ein Gebiet, in dem man sich selbst die Frage stellen muss: Wie weiß ich,

---

* GA 40, Wahrspruchworte: Credo, der Einzelne und das All, S. 271ff.

dass etwas wahr ist? Wenn man den Begriff des Kreises bildet, dann weiß man vollkommen sicher, dass er wahr ist, dieser Begriff. Aber der Eine liest das Johannesevangelium und weiß sicher, dass dies wahr ist; der Andere liest das Johannesevangelium und zweifelt. Wiederum ein Anderer liest es und sagt, dass es Unsinn sei. Was ist Wahrheit? Wo sitzt das Wahrheitserleben?

Wenn man dann bei Steiner erlebt, wie er die Wahrheit betrachtet, bemerkt man, dass diese Wahrheit immer geglaubt wird. Wenn man diese Art Wahrheit hat, dann hat man auch den Glauben an diese Wahrheit. Während einerseits in der modernen Zeit der Unglaube an die Wahrheit aufkommt und gerade immer mehr Forschung mit Instrumenten anstelle des reinen menschlichen Sinnesinstruments betrieben wird, kommt in den spirituellen religiösen Strömungen ein Bewusstsein auf, dass eine Zeit kommen wird, in der der Glaube eine ganz andere Qualität bekommen wird. Es wird vorausgesehen, dass der Glaube dann nicht mehr etwas ist, was man für etwas hat, was äußerlich nicht bewiesen werden kann, sondern etwas, was gerade da ist, *weil* es bewiesen ist. Aller Glaube wird gerade dasjenige sein, was man sicher weiß. Das Wissen ist dann so stark, dass es Glaube ist.

Man hört dies bei Thomas von Aquin schon anklingen. Es gibt eine Beschreibung eines Disputs, in dem ihm entgegengehalten wird, dass Glaube dasjenige sei, was auf dem Annehmen von Inhalten beruht, die für den Verstand unsinnig sind. Das weckt bei Thomas, so steht es in der Geschichte, großen Zorn. Da wird also ein Heiliger zornig, weil er das absolut nicht so sieht. Er sieht den Glauben als das verstärkte Wissen an, nicht als das geschwächte Wissen.

Dasselbe findet man vorher, in der Schule von Chartres, auf eine andere Weise durch Alanus ab Insulis ausgedrückt. Die großen Lehrer von Chartres haben an der Tatsache gelitten, dass die Hellsichtigkeit für die Natur verschwand, dass diese die sinnliche Form annahm, wie wir sie kennen. Dass Gott nicht mehr aus der Natur sprach. Das Wesen ‚Natura' konnte immer weniger vernommen werden. Das Göttliche in der Natur entschwand für den Menschen. Doch Alanus hat eine Vorschau einer

Zukunft, er sagt inhaltlich dasselbe wie Thomas, aber es hat eine andere Bedeutungsnuance: In der Zukunft wird der Glaube nicht mehr nötig sein, weil das, was jetzt noch geglaubt werden muss, in Zukunft ein sicheres Wissen sein wird, bewiesen – dann braucht man den Glauben nicht mehr.

Bei Steiner findet man dann den Glauben und die Wahrheit in einer Reihe von Vorträgen großartig beschrieben. Diese Vorträge sind aus dem Jahr 1903, es müssen Vorträge sein, die zu den ersten gehörten, die er vor den Theosophen gegeben hat; sie stehen in GA 88, *'Über die astrale Welt und das Devachan'.*

Ich selbst bin als Kind immer in die katholische Kirche gegangen. Da erklang immer das Credo. Als ich sehr jung war, noch auf Lateinisch, später auf Niederländisch. Ich hörte den Text wie folgt:

Ich glaube an Gott, den Allmächtigen Vater,
Schöpfer von Himmel und Erde,
Und an Jesus Christus, seinen eingeborenen Sohn, unseren Herrn,
Der empfangen ist vom Heiligen Geist,
Geboren von der Jungfrau Maria,
Gelitten unter Pontius Pilatus,
Gekreuzigt, gestorben und begraben
Abgestiegen zur Hölle,
Am dritten Tage auferstanden aus dem Tod,
Aufgestiegen in den Himmel,
Sitzend zur Rechten Gottes, des allmächtigen Vaters,
Von dort wird Er kommen, zu richten
Die Lebenden und die Toten.
Ich glaube an den Heiligen Geist,
Die heilige katholische Kirche,
Die Gemeinschaft der Heiligen,
Die Vergebung der Sünden,
Die Auferstehung des Leibes,
Und das ewige Leben.
Amen.

In diesen Vorträgen beschreibt Rudolf Steiner, dass das Credo aus den ägyptischen Mysterien stammt und dass man die Glaubenssätze in einer viel größeren Perspektive als nur dem Bekenntnis des einzelnen Gläubigen sehen muss.

Der Vater, der Schöpfer von Himmel und Erde, entzieht sich auch dem Auge des Eingeweihten, auch dieser kann Ihn nicht schauen. Aber der Sohn, das ist die Schöpfung, das geschaffene All, hat sich mit der reinen Geistmaterie verbunden, das ist die Jungfrau Maria, geboren aus der Magd Maria.

Dann gab es in den alten Mysterien den Begriff der Inkarnation. Man sah dies als ein Sich-Zusammenziehen aus den Weiten des Makrokosmos bis in das zusammengezogene Meer des irdischen Daseins. Zusammengezogenes Meer ist in der alten Sprache: Pontos Piletos. Man darf das Leiden unter Pontius Pilatus also nicht nur als das tatsächlich unter dem römischen Statthalter geschehene Leiden sehen – das auch –, sondern zugleich als das Mysterium der Inkarnation des Gottessohnes, der sich in das leidende Erdendasein zusammenzieht. Das Wort zieht sich zusammen und wird leidend.

Wenn Platon sagt, dass die Weltseele in Kreuzesform über die Welt ausgespannt ist, dann muss man das auch im Credo als die Kreuzigung erleben – die *auch* wirklich als Kreuzigung auf Golgatha stattgefunden hat.

Wir können lernen, zu begreifen, dass sich der Mensch, in der Nachfolge Christi, in das leidende Erdendasein zusammenzieht, in Pontos Piletos, in das zusammengezogene Weltenmeer. Da wird er leidend, er verliert das Aktive des Geistes. In der nachchristlichen Zeit, in der Michaelzeit, in der wir nun leben, entsteht die Möglichkeit, wieder ein aktiver Geist zu werden. Die Möglichkeit entsteht, das leidende Erdendasein in ein vom Geist ausgehendes aktives Erdendasein umzuformen. Das wird so vorgestellt, dass dasjenige, was im Menschen das Jungfräuliche ist, das reine Denken, im Menschen selbst weiter entwickelt werden kann und so eine aktive Qualität entwickelt wird; dann entsteht eine Gemeinschaft von Menschen, in denen dies entwickelt ist: eine Gemeinschaft der Heiligen. Eine Vergebung der Sünden, ein Entwickeln des Phantoms (Auferstehungsleibes) und ein ewiges Leben. Dann ist das Credo etwas berührend Großartiges geworden. Man empfand dies in der Kirche natürlich auch, aber man kann eine solche Dankbarkeit empfinden, dass deutlich wird, worauf diese Rührung beruht.

Alanus ab Insulis gibt ein ähnliches Bild. Er gibt das Bild von Maria, der Jungfrau, der reinen Magd, in die alle Hierarchien sich begeben – er stellt sich das bildend vor, wie die hierarchische Welt von Wesen in Maria hineingegangen ist und wie diese Wesen da eine Burg für Christus gebaut haben. Die Burg hat einen Wall, das ist die Demut, durch die Hierarchien angelegt. Die Mauer ist die geistige Beständigkeit. Der Turm ist der Mut, und das Bollwerk ist die Geisteskraft. In diesem Sinn könnte jeder Mensch Maria werden, indem er die Qualitäten des reinen Denkens in sich zur Entwicklung bringt und dann eine Burg bauen lässt.

Alanus hat eine deutliche Vorstellung bei diesem Aufnehmen der Hierarchien, er ist darin radikal. Wenn man sich vorstellt, dass man die Qualitäten der verschiedenen Hierarchien entwickelt, dann gehört man in dem Moment zu dieser Klasse geistiger Wesen. Thomas von Aquin hat das später auf seine Weise gesagt: Wenn der Mensch Kenntnisse und Fähigkeiten entwickelt, die nicht leiblich sind, dann ist der Denker und der Gedanke ein und dasselbe. Wenn der Mensch im Geist Gedanken von den Seraphim entwickelt, dann ist er das in diesem Moment, als wahrhaftiges Bild. Jeder Mensch kann Maria sein und in sich eine Burg für Christus bauen. Alanus gibt dann neben diesen vier Merkmalen der Burg auch jene Eigenschaften, die wir entwickeln könnten, um uns zu den Niveaus der Hierarchien zu erheben.

Er beginnt bei der höchsten Hierarchie der Seraphim. Da lebt die feurige Liebe für Gott, das ist das Lebenselement, das Dasein der Seraphim. Gott geht noch über das Gebiet der Seraphim hinaus, es ist das Gebiet des Gottes, den wir nicht erkennen können, den wir aber feurig anbeten können, es ist das Gebiet des Vaters. Die Seraphim leben in *feurig brennender Liebe zu Ihm.*

Dann kommt die Sphäre der Cherubim. In dieser Zeit hatte man noch die Offenbarung als Geisterkenntnis, jetzt haben wir auch die Geisterkenntnis der Anthroposophie. Wenn wir Geisterkenntnis erwerben, befinden wir uns im Reich der Cherubim, die die Wesen der *Fülle der Erkenntnis Gottes* sind.

Im Reich der Throne ist der Mensch zuhause, wenn er lernt, *gerecht und richtig zu urteilen,* auch in den kleinsten Dingen.

Die Kyriotetes leben als *Ehrfurcht vor dem Höheren.*

Die Dynamis sind die Kräfte der *Herrschaft über das Niedrigere,* die weise Herrschaft. Wir sehen eine Umkehr im Übergang von den Kyriotetes, die die Ehrfurcht vor dem Höheren sind, zu den Dynamis, die der Umgang mit dem Niedrigeren sind.

Die Exusiai geben die *Macht, um den Dämonen zu widerstehen.*

Die Archai geben das Vermögen, *Wunder zu verrichten,* beruhend auf dem Vermögen, zu verzichten, ein Opfer zu bringen.

Die Archangeloi, die Erzengel, geben das *Lehren von geistigem Inhalt.*

Die Angeloi, die Engel, geben das *Lehren in den kleineren Dingen.*

Das ist die Hierarchie, wie sie Alanus ab Insulis beschreibt, ausdrücklich so, dass, wenn der Mensch die betreffenden Qualitäten in sich zur Entwicklung bringt, er sich tatsächlich auch zu diesen Wesen erhebt, ja, sogar ein Bild dieser Wesen wird.

Wenn man sich meditativ darin vertieft, empfängt man Eindrücke von demjenigen, was Wahrheit ist. Dann beginnt man, zu erleben, dass die Wahrheit aus diesem makrokosmischen außermenschlichen Gebiet kommt und dass die Unwahrheit durch die Beschränkungen entsteht, die durch das Erdendasein entstehen, durch die Absonderung und durch die Sympathie und die Antipathie, die Lust und das Leid.

Man kann bei Rudolf Steiner Beschreibungen des höchsten Devachans, des höchsten Himmels finden. Wenn man das Leben nach dem Erdendasein, nach dem Tod, beschrieben findet, dann findet man zuerst das Ablegen aller Sündigkeit, alles Haftens am irdischen Dasein. Dann kommt die himmlische Periode, aber die ersten drei Phasen darin sind noch ein Sich-Befreien von den Nachwirkungen des Erdendaseins. Man findet die Urbilder des ganzen Erdendaseins, des Physischen, man findet das Vereinigende des Wasserelements, und man findet den Ausstrom von Gefühlen, von allen Emotionen, was mit der Luft zusammenhängt.

Dann kommt das wunderbare Element, das Akasha genannt wird, ein viertes Gebiet im Himmel, wo man sich vorstellen muss, dass da eine feurige, jungfräuliche Geistmaterie ist. Man findet da also auf eine andere Weise Maria wieder, als Substanz der Akasha, in der die Absichten der geistigen Wesen abgedrückt werden. Aber auch die Gedanken und die Handlungen der niedrigeren Wesen – wie auch des Menschen – werden darin eingeschrieben: das ist die Akasha-Chronik. Es ist eine Geistsubstanz, die reine Denkmaterie ist. Wenn man sich zum reinen Denken erhebt und dann jenes reine Denken nicht mehr als Inhalt, sondern als Substanz findet, dann findet man die Substanz von Maria, von Sophia.

Jenseits dessen findet man dann das Gebiet, wo der Geist auf kein einziges Hemmnis mehr stößt, um sich frei zu entfalten. Da sind alle subjektiven Wahrnehmungen und Gefühle zurückgelassen, da ist nur noch das ur-geistige, individuelle Urprinzip des Menschen übriggeblieben, und dieses breitet sich gemäß der inneren Kraft aus.

Da, sagt Steiner, müssen wir das Gebiet suchen, wo die eigentliche Wahrheit wohnt. Zu ihr kann der Mensch sich erheben, und die unterste Stufe ist das reine Denken, das kein Bild mehr ist, sondern das reine Kraft ist. Er beschreibt dann diese *Akasha* als *Goethes Märchen* und die erste Himmelssphäre, in der sich der Geist ungehindert ausbreiten kann, als das ‚Erkenntnislicht', das Goethe dann dem vergleicht, was wir auf Erden im wirklichen Gespräch haben. ‚Was ist erquicklicher als Licht?' ‚Das Gespräch'. Wenn in einem Gespräch also wirklich bedeutender Inhalt lebt, dann findet man diese fünfte himmlische Sphäre.

In der sechsten himmlischen Sphäre lebt die Bildung des Wortes, und in der siebenten lebt die Bildung des Gedanken.

Auf der anderen Seite des Flusses des reinen Denkens lebt das Erkenntnislicht, eine Wunderblume, eine Lilie.

Wenn man sich meditativ darin vertieft, wird man immer deutlicher gewahr, dass die Wahrheit in Wirklichkeit das zum Wort gewordene Wesen der himmlischen Sphären selbst ist und dass, wenn das Wort im physischen Leib menschlich leidend wird und für eine sinnliche Welt um sich herum erwacht, wobei die Seele des Menschen durch alles gefärbt ist, was sie in den vorangegangenen Inkarnationen gedacht, gefühlt und getan hat – dass dann erst die Möglichkeit auftritt, in der Unwahrheit zu sein. In dem höheren Gebiet noch jenseits der Akasha hat die Unwahrheit keine Existenz. Wenn man sich dann zur Erde begibt und sich in einen physischen Leib zusammenziehen muss, dies auch will, um da leidend zu werden, frei zu werden, von dieser Freiheit aus die Aktivität von neuem zu suchen, dann tritt die Möglichkeit zum Irrtum auf.

Es wird dann deutlich, dass, wenn wir im spirituellen Sinn die Frage stellen wollen: Was ist Wahrheit? – dass wir dann lernen werden müssen, uns aus diesem leidenden, schweren, leiblichen Erdendasein zu erheben, um schon in diesem irdischen Dasein eine Kraft zu finden, die es uns möglich macht, uns über dieses Erdendasein hinaus zu erheben, zum Gebiet der Wahrheit.

Die Zeit, in der wir uns befinden, macht es uns sehr schwer, zu wissen, wenn wir mit Geschehnissen konfrontiert werden, was nun wirklich in Wahrheit geschehen ist. Man kann das nur sehr beschränkt sehen, wenn man sich auf dasjenige beschränkt, was geschehen ist. Selbst dabei ist die Frage, ob man es in den Medien unverzerrt angeboten bekommt. Bekomme ich die Information in Wahrheit gegeben?

Dann folgt die Frage: In welchem Zusammenhang ist dies alles nun eigentlich gesehen? Das brauchen wir: Wodurch kommt es nun eigentlich? Dann fühlt man, wie wenig Möglichkeit wir haben, in die Wirklichkeit eines Geschehens vorzudringen. Und ein Geschehen ist doch wirklich, wie es ist. Es ist, wie es ist, sagt Aristoteles, das ist die Wahrheit. Aber damit bekommt man gerade keinen Kontakt. Die Dinge, die geschehen, sind für vielerlei Auslegungen zugänglich. Was aber ist in Wirklichkeit der Fall?

Wir können unsere Zuflucht bei den Vortragszyklen suchen, die Rudolf Steiner in der Zeit des Ersten Weltkrieges gehalten hat und in denen er darüber spricht, wie die Geschichte von geheimen Bruderschaften aus Ost und West, von links und rechts, gemacht wird. Dies muss man hinzunehmen. Aber man muss sich auch fragen: Was hat sich in den zurückliegenden hundert Jahren geändert? Man steht vor einem großen Rätsel, und aus einem Nicht-Durchschauen eines Rätsel kann man tatsächlich auch nicht zum Handeln kommen, denn man weiß dann nicht, ob das, was man tut, eine Reaktion auf das ist, was wirklich geschehen ist, oder nicht.

Außerdem müssen wir uns klarmachen, dass alles Elend in der Welt durch eine bestimmte Geistesart des Menschen zustande gekommen ist und man nicht erwarten kann, dass man dieses Elend mit derselben Geistesart lösen kann. Wir werden uns zu einer anderen Geisteshaltung erheben müssen. Ich persönlich bin schon viele Jahre dabei, zu betonen, wie notwendig das ist. Was aber deutlich wird, ist, dass die meisten Menschen nicht an eine Wirksamkeit des Geistes glauben. Sie glauben sehr wohl an Demonstrationen und Hilfsaktionen, an Spendensammlungen und ähnliches. Aber an die reale Wirksamkeit des Geistes bis in das Erdendasein hinein – daran wird nicht geglaubt. Doch was wäre, wenn wir uns jetzt bis zum Geist erheben könnten und vom Gebiet der Akasha und darüber hinaus in den göttlichen Absichten, den Plänen und Absichten, die in der höheren geistigen Welt anwesend sind und wogegen die Mächte auf Erden in Opposition stehen, mitdenken könnten? Diese Opposition kann niemals aufhören, wenn in den Menschen nicht grundsätzlich das Vertrauen in die Kraft des Geistes auf Erden erwacht. Die Menschen glauben das einfach nicht. Auch Menschen, die sich dem Weltgeschehen sehr zuwenden, die ihr Leben dafür geben würden, die Anthroposophen sind – auch unter ihnen gibt es solche, die nicht an die Wirksamkeit geistiger Gedanken glauben.

Das sehe ich als ein Motiv für die kommende Zeit, dass wir daran arbeiten. Zuerst an dem Vertrauen, dem Bewusstsein, der Sicherheit, dass der Mensch ein geistiges Wesen ist, das in das Erdendasein abgestiegen ist, wo es leiden muss. Dass es aber an der Zeit ist, dass wir aufstehen und dass wir uns während unseres Erdendaseins zur Akasha und noch höher erheben. Damit wir dann als Gefährten der höheren Hierarchien hier auf Erden wirklich etwas zustande bringen können. Damit nicht dasjenige, was leidendes Erdenleben ist, siegt, sondern dass dasjenige siegt, was aktives Erdenschicksal ist.

Damit möchte ich meine Ausführungen schließen. Wir werden morgen mehrere Übungen machen, um uns zur Akasha zu erheben – das tun wir schon seit Jahren, und das ist nicht unwirksam geblieben. Aber der Flügelschlag muss noch kräftiger werden, so dass wir noch darüber hinaus kommen und, wenn wir wieder mit den Beinen auf dem Boden stehen, konfrontiert mit dem, was hier ist, nicht jedes Mal den Glauben und das Vertrauen verlieren, die wir hatten, als wir uns in dieser anderen Sphäre befanden.

*

FRAGENBEANTWORTUNG

Rotterdam, 20. November 2015

Die Akasha-Chronik wird von dir als Gebiet der Wahrheit beschrieben, und du sagst, dass darin eine Burg gebaut wird, um Christus zu empfangen. Hat sich die Akasha seit Christus verändert, kannst du darüber etwas sagen?

Ich kann nur sagen: Ja. Man muss sich die Akasha als jungfräuliche Substanz vorstellen, und in ihr wird die Burg gebaut. Das ist der Unterschied. Man hat eine Akasha, die sich in niedrigeren Gebieten spiegelt, in denen man das nicht sehen würde. Wenn man sich bis in die Akasha selbst erhebt, dann ist es nicht möglich, dass man das nicht sieht. Wenn man aber nur die Spiegelung in der astralischen Welt sieht, dann kann man davon absehen. Es ist bekannt, dass Blavatsky Christus nicht ‚sehen' wollte. Wenn man etwas nicht sehen will, sieht man es auch nicht. Wenn man es sich räumlich vorstellt, dann hat man die Erde mit den Elementen, worinnen sich das Kamaloka abspielt, und dann darüber die höheren Welten. Es ist natürlich nicht räumlich, aber man kann die Raumesordnung als Bild nehmen. Dann ist da zuerst das niedere Devachan, die mentale Welt, mit drei Gebieten, dem ‚Kontinentalen', dem ‚Ozean' und der ‚Luft' – und darüber ist die Akasha, vergleichsweise vorzustellen als das ‚Ich-Gebiet', und darüber die höheren Wesensglieder, Geistselbst, Lebensgeist und Geistesmensch. Darüber kommen die Throne, die Cherubim und die Seraphim, sie gehen noch über die höchste Himmelssphäre hinaus, und darüber, jenseits dessen, ist erst die Sphäre der Trinität, die ihren Mittelpunkt überall und ihren Umkreis nirgends hat – wie Alanus das so wunderbar sagt. Von da aus ist das Wort als der Sohn den Weg in die Zusammenziehung gegangen, ausgehend von der allerweitesten Sphäre, durch all diese Himmelssphären hindurch. Das findet dann seinen Abdruck in der Akasha, da kann man nicht anders, als dies gewahr zu werden. Aber in der astralischen Welt ist es möglich, von diesem Schauen abzusehen, es nicht zu sehen.

Wo muss man sich die Elohim vorstellen?

Das sind die Exusiai, sie haben ihre Sphäre in der fünften Sphäre.

Das geht alles sehr weit. Meine Frage ist, wie dies für junge Menschen ist, die auf der Suche sind, die aber diese Höhe nicht mitmachen können. Hilft es, wenn man in diese Richtung denkt? Wie sollen die jungen Menschen verarbeiten, was alles geschieht? Was ist die Suche der jungen Menschen? Es gibt so viel, womit man sich beschäftigen kann, was ablenkt. Wie ist das?

Das frage ich mich natürlich auch. Aber auf der anderen Seite sieht man bei den jungen Menschen auch etwas anderes. Es ist schwer in Worte zu fassen. Aber ich kann mir vorstellen, dass, wenn all diese Dinge, die sie haben, langweilig geworden sind – das werden sie irgendwann doch –, dass das Eine dann zum Vorschein kommen wird. Ich habe Trost bei einer Bemerkung Rudolf Steiners gefunden. Er sagt, dass die Tatsache, dass so viele ‚graue Köpfe' bei den Vorträgen zu finden sind, als eine natürliche Erscheinung aufgefasst werden muss. Man muss auch wirklich reif für die Weisheit werden, und es liegt nur auf dem Weg von Wenigen, dies auch schon in jungem Alter zu können und zu wollen. Das gibt Trost, denn so ist es natürlich auch jetzt noch. Die große Frage liegt im Untergrund trotzdem, sie wollen dabei noch nicht innehalten – aber diese Fragen kommen einmal auf, vielleicht später als bei uns.

Unser Kollege Nico Francken, Hausarzt in Den Haag, sah es immer so, dass die jungen Menschen auch auf die Erde gekommen sind, um diese enorme Entwicklung der Technik und der Freiheit mitzumachen. Man darf ihnen das also nicht abnehmen, man muss sie machen lassen. Man würde einen Fehler begehen, wenn man alles vermeiden wollte. Sie brauchen die Zeit.

FRAGENBEANTWORTUNG

Rotterdam, 21. November 2015

Es hat mich getroffen, dass du gestern sagtest, dass wir nicht genug Glauben haben.

Es ist ein notwendiger Ausgangspunkt. Wenn wir ihn nicht haben, können wir nie glauben, dass wir im großen Weltenganzen etwas einbringen könnten. Dann müsste man Präsident der Vereinigten Staaten werden – und könnte noch immer nichts. Das Gefühl von Machtlosigkeit – auf der einen Seite berechtigt – ist so unberechtigt. Es beruht auf einem tiefen Unglauben an die Wirksamkeit des Geistes im Menschen. Darum geht es. Wenn man das einmal hat, diese Sicherheit, dann steht man sehr anders im Leben, auch wenn es noch so chaotisch wird. Man kann nicht sagen, dass man nicht mehr darunter leidet, aber man geht auf eine ganz andere Weise damit um. Im Großen hat dies weitgehende Wirkungen. Das wird nicht geglaubt: dass es nicht nur für einen selbst einen heilsamen Effekt hat, sondern dass es weltweit wirksam ist. Das gibt dann auch den Sinn in einem größeren Zusammenhang dieser Arbeit. Ich kann nicht für euch sprechen – aber ich merke, dass dieses Vertrauen oft sehr schwach ist. Man kann die Bücher und Vorträge von Rudolf Steiner lesen und annehmen, dass alles wahr ist – und dann doch nicht wirklich glauben, dass es auch Wirklichkeit wird, dass es nicht nur ein Lehrgebiet ist.

Ich ringe mit dem Gefühl der Ehrfurcht. Ich finde es sehr schwer, festzustellen, ob etwas Ehrfurcht ist. Wie kommt man zur Ehrfurcht? Wir haben das eigentlich abgeschafft.

Ich hoffe, dass wir damit heute weiterkommen. Man kann eine solche Frage nur mit Hilfe von Übung beantworten, Worte genügen nicht.

Gestern hast du die Entwicklung der Erde und die Inkarnation von Christus beschrieben. Dieser Entwicklungsverlauf hat auch Geschichten hervorgebracht, zum Beispiel die Edda. Aber auch die ägyptischen Mysterien, auch die gnostische Theorie. Sie kommen dazu, zu sagen: Etwas braucht keine Wirklichkeit zu sein, um etwas zu bedeuten. Man kann auch sagen: Es ist alles dasselbe, nur andere Namen.

Im Prinzip geht es nicht um den Namen, sondern es geht um die Gefühle, die Bedeutung haben, das heißt, dass man ein Christ sein kann, aber einen anderen Namen nennen kann. Was aber die Gnosis betrifft, wird da davon ausgegangen, dass das Mysterium von Golgatha als ein Gleichnis, ein Bild aufgefasst werden muss, nicht als ein wirkliches Geschehen. Das ist natürlich ein sehr großer Unterschied zur christlichen Anthroposophie, in der deutlich wird, dass das ganze Neue Testament zwar Bild für die menschliche Entwicklung ist, dass es aber auch wirklich geschehen ist, bis in die kleinsten Details.

In unserer Zeit hat der Mensch keine Sicht auf die höhere Welt, darum kann sehr einfach gesagt werden: Was da alles in der Bibel steht, beruht auf Volksphantasie. Für die Wahrheit spielt es keine Rolle, ob daran geglaubt wird oder nicht. Wohl für die Person, die nicht glaubt, aber nicht für die nicht geglaubte Tatsache. Es ist, wie es ist. Man kann sagen: Ich glaube nicht an Karma und Reinkarnation. Das hat dann für einen Konsequenzen, aber für die Tatsache hat es keine. Es ist so, oder es ist nicht so. Derjenige, der nicht daran glaubt, kann die Wurzel, Blüte und Frucht des Lebens nicht sehen, für ihn ist es unglaublich. Aber das heißt nicht, dass außerhalb dieses ‚Tunnelblicks' nicht noch eine ganze Welt existieren würde.

Wohl gibt es Grenzen in einer bestimmten Epoche, innerhalb derer ein Teil der Menschheit zu bestimmten Fähigkeiten kommen muss. Sonst muss die Wahrheit sich doch zurückziehen. Das ist etwas, was sehr wohl droht. In einem Bild kann man sich vorstellen, dass eine Menschheit existieren könnte, in der es nicht Einen gäbe, der den Kontakt mit der ewigen Wahrheit hätte. Dann könnte die Wahrheit hier nicht mehr anschließen. So ist es auch für die Wahrheit von Wichtigkeit.

Ich habe erlebt, dass beim Lesen die Kraft dessen, wovon erzählt wird, so groß ist, dass es wahr sein muss. Zugleich öffnet sich der Abgrund: Ja, es wirkt, also ist es wahr, und es ist auch unverwechselbar in Bezug auf andere Geschichten. Das ist doch etwas anderes, als dass man erlebt, dass es eine Tatsache ist, die stattgefunden hat. Das ist beim Studieren der Geschichte auch eine Erfahrung. Es sind alles Personen und Tatsachen, aber wenn man sich dann in die Kategorie der ‚Substanz' von Aristoteles vertieft hat, dann kann es geschehen, dass man auf einmal begreift: Dies sind Menschen, die wirklich existiert haben! Das ist so ein großer Unterschied!

Das ist der Weg zum lebendigen Denken, den man beschreibt, dass Gedanken keine abstrakte Mineralsubstanz sind, die man willkürlich nebeneinanderlegen kann, ‚denn sie haben ja keine Wirksamkeit, sie tun einander nichts'. Der Übergang zum lebendigen Denken ist, dass dies nicht mehr geht. Gedanken werden lebendige Realitäten, die miteinander in Interaktion sind. In ‚Suche das Licht...' habe ich versucht, beim Einfachen zu beginnen, aus der Überzeugung heraus, dass man seinem Wahrheitssinn(esorgan) nicht auf die Spur kommen kann, wenn man es nicht im Einfachen entdeckt. Das Komplizierte ist so groß – auch wenn man natürlich auch da Inhalt hat, von dem man unmittelbar weiß: dies ist wahr, dies ist zweifelhaft oder dies ist nicht wahr –, dass man eine Methode braucht, um das Wahrheitserleben im Kleinen erkennen zu lernen. Dann kann man darauf bauen, auf einen Sinn: Es ist wahr, es ist nicht wahr, oder ich weiß es nicht. Der größte Teil ist: Ich weiß es nicht. Aber es ist wichtig, diesen Unterschied machen zu können. Man muss wissen, wann man etwas nicht weiß. Im Kleinen liegt die Erkenntnismöglichkeit für das Größere. So geht man fortwährend vor, man tastet mit seinem Wahrheitssinn alles ab.

Wir haben gestern diesen Weg von den höchsten Hierarchien hinab verfolgt, und ich fand es ermutigend, sich bewusst zu machen, dass wir, wenn wir so denkend meditieren, diese Wesen dann für einen Moment auch sind.

Ja, das erscheint fast wie eine Gotteslästerung, aber so wird es von Alanus geschildert.

Bei der Akasha erwähntest du den Fluss aus Goethes Märchen, und auf der anderen Seite wohnt die Lilie. Das ist Manas, darüber folgen Buddhi und dann Atman. Wenn ich das so verbinde, muss ich auch an die Könige aus dem Märchen denken. Man würde diese auf der Seite der Lilie erwarten, aber sie sind noch nicht da, sie sind unterirdisch und steigen erst später auf.

Der Mensch ist die drei Könige mit dem gemischten vierten, der zerfällt. Wenn man an das große Mysterium, das Mysterium Magnum der Dreigliederung denkt, dann kann man sagen: Dreigegliedert ist der Mensch nach Willen, Fühlen und Denken, und im gewöhnlichen irdischen Bewusstsein sind diese drei vermischt. Beim Überschreiten der Schwelle zur geistigen Welt werden das drei getrennte geistige Welten. Die vier Könige sind der irdische Mensch. Der gemischte König ist der alltägliche Mensch, vermischt nach Denken, Fühlen und Wollen, der schon denkt, dass er ‚es ist', so hört man den vierten König sprechen, er meint, dass er es ist. Aber er muss zurückgelassen werden, er muss in sich selbst zusammenfallen, und die drei Welten des Denkens, Fühlens und Wollens werden schließlich das Gebiet der menschlichen Seele, das durchströmt, durchwebt, durchdacht, durchfühlt, durchwollt wird von der geistigen Welt. Das Gebiet an der gegenüberliegenden Seite des Flusses ist das Gebiet der Glückseligkeit, der ‚Wonne', wo die irdischen Schmerzen zwar noch gesehen werden, aber aus einer anderen Perspektive erlebt werden. Das ist das Bild für unseren Weg. Das wollte ich im Vortrag zeigen, dass wir mit einer Gruppe von Menschen daran arbeiten müssten, diesen Fluss zu überqueren und vom Gebiet der schönen Lilie aus Gedanken zu fassen, die der Geschichte einen anderen Verlauf geben.

Und wenn wir es nicht mehr wissen, können wir den Mann mit der Lampe fragen.

Das Karma kann dann ausgehend von der Freiheit einen anderen Verlauf nehmen.

Wir kommen nach dem Tod dorthin, insofern wir hier Versuche in diese Richtung gemacht haben – und wir kommen hier zu diesen

Versuchen, insofern wir uns dort nach dem vorherigen Tod zu erfüllen vermochten, so viel Kraft in der Seele hatten, dass wir in dieses Gebiet der Glückseligkeit aufzusteigen vermochten. Es ist ein sich gegenseitig verstärkendes Prinzip. Das Vermögen, hier diesen Fluss überqueren zu können, schöpft man aus dem Vorgeburtlichen.

Die Sehnsucht danach verwandelt sich in den Drang, hier auf Erden daran zu arbeiten. Und dadurch hat man nach dem Tod wieder mehr Kraft, um sich noch über das Gebiet der Akasha zu dem höheren Geistgebiet zu erheben.

Kannst du noch etwas über die Burg in Maria sagen, die man in sich selbst bauen muss?

In Maria, nicht in uns. Man muss erst Maria werden, das heißt, die Akasha erreichen, die feurige, jungfräuliche Geistmaterie, und darin bauen die Hierarchien eine Burg, um Christus zu empfangen.

Die Denker des Mittelalters, Johannes Scotus Eriugena, der auf Dionysius Areopagita zurückgreift, und später Alanus ab Insulis, haben schon ein Denken, das stark in die Richtung des abstrakten Denkens geht, obwohl bei ihnen noch viel mehr Geist in den Schriften ist als später. Aber sie erleben den Rückgang bereits. Man merkt, dass das Denken vom ganz Abstrakten noch sehr weit entfernt ist, und bei Alanus ist es noch sehr bildend: die Jungfrau Maria, die in voller Wirklichkeit bei der Konzeption durch den Heiligen Geist, der Konzeption des Sohnes, ein Hineingehen des ganzen Reiches der Hierarchien durchmacht. Das ist die Burg, in der der Christus oder jedenfalls das Jesuskind geboren werden kann. Das ist ein Bild, beschrieben als eine Wirklichkeit. In der Seele von Maria, bis in den Leib hinein, ist die ganze Welt der Hierarchien hineingegangen und hat da eine Burg gebaut, als Wall die Demut, die Mauer ist die geistige Beständigkeit, der Turm der Mut und das Bollwerk die Geisteskraft. Wenn man diese verschiedenen Bedeutungen zusammennimmt, dann sieht man, dass man das reine Denken als reine Akasha-Substanz betrachten muss, dass es mit der jungfräulichen Substanz der Seele übereinstimmt – und dass man in diesem Maria-Denken, dem Sophia-Denken, das man entwickeln kann, diese Burg bauen lassen muss.

Mit der Entwicklung des reinen, sinnlichkeitsfreien Denkens ist man noch nicht an dem Punkt angekommen, dass man Christus darin empfangen kann.

Die Tugenden müssen noch hinzukommen, Engelssubstanz.

Alanus nennt alle Hierarchien ‚Engel'. Ein Name für die Hierarchien, die Engel, die sich dann in neun Chöre teilen, von denen der ‚unterste' die Engel sind.

*

Ich wiederhole noch einmal das Glaubensbekenntnis, wie es in der katholischen Kirche erklang.

Ich glaube an Gott, den Allmächtigen Vater,
Schöpfer von Himmel und Erde,
Und an Jesus Christus, seinen eingeborenen Sohn, unseren Herrn,
Der empfangen ist vom Heiligen Geist,
Geboren von der Jungfrau Maria,
Gelitten unter Pontius Pilatus,
Gekreuzigt, gestorben und begraben
Abgestiegen zur Hölle,
Am dritten Tage auferstanden aus dem Tod,
Aufgestiegen in den Himmel,
Sitzend zur Rechten Gottes, des allmächtigen Vaters,
Von dort wird Er kommen, zu richten
Die Lebenden und die Toten.
Ich glaube an den Heiligen Geist,
Die heilige katholische Kirche,
Die Gemeinschaft der Heiligen,
Die Vergebung der Sünden,
Die Auferstehung des Leibes,
Und das ewige Leben.
Amen.

Die Worte ,katholische Kirche' kann man auch allgemein auffassen. ,Katholisch' bedeutet ,allgemein, umfassend, ganz'. Darin kann sich jeder einleben, es steht nicht da ,römisch-katholisch'.

Ja – der Inhalt des Credo stammt aus den ägyptischen Mysterien, in ihnen wird die Schöpfung des Menschen und der Gang der Entwicklung beschrieben. Für die Christengemeinschaft hat Rudolf Steiner ein Credo gegeben, das inhaltlich ziemlich dasselbe ist, aber in Umschreibungen verläuft, ganz zu unserer Zeit passend. (Es wird vorgelesen).

*

Beim Suchen nach der Antwort auf die Frage ,Was ist Wahrheit' ist der Strom des reinen Denkens der Ausgangspunkt. Diesen Strom findet man im Credo wieder, dort, wo von dem Sich-Losreißen von der Materie, dem ,dem Tod der Materie Entrissenwerden' gesprochen wird. Da liegt der Punkt, wo das reine Denken gefunden werden kann. Es kann gefunden werden, wir müssen lernen, darin zu leben, um in ihm den Einstrom der höheren Hierarchien zu empfangen, die darin eine Burg bauen, wodurch das reine Denken die vier Qualitäten der *Demut*, der *Geistbeständigkeit*, des *Mutes* und der *Geisteskraft* bekommt. Das ist es, wonach man in der Meditation strebt: dass man diese Qualitäten in das reine Denken ,hineinbittet'. Man bittet, indem man danach strebt, sie zu entwickeln. Indem man versucht, eine Aktivität wie diejenige höherer Wesen zu entfalten, ist man damit zugleich vereinigt. Die Wesen entwickeln einen. Dann sieht man auch, dass die geistige Welt in voller Größe in uns eingebaut ist. Was schon Thomas von Aquin mit so viel Feuer gesagt hat: Die Intelligenz des Menschen ist nicht das Instrument, um den Geist zu erkennen, sondern ist der Geist selbst. Der Blick auf die Größe des Menschen, den wir haben können – es ist an uns, ihn zu entwickeln; man kann mit seinem Leben auch etwas ganz anderes tun, aber man kann auch nach dem Weg suchen, dem Tod der Materie entrissen zu werden und dann durch Ihn den heilenden Geist in sich wirken zu lassen. Wenn eine Gruppe von Menschen sich wirklich durch Ihn dem Tod der

Materie entreißen kann, dann kann durch Ihn der Heilende Geist wirken. Anthroposophie sucht das aktiv. Ein Mensch, der sich der Anthroposophie zuwendet, will das selbst entwickeln, will selbst den freien Schritt dazu setzen. Das liegt im Wort Anthroposophie eingeschlossen: Sophia ist die Akasha, und die Erfüllung mit Geist ist die eigentliche Menschwerdung. Der Geist ist mit dem Menschen vereinigt. In Sophia wird die Burg gebaut, die nur gebaut werden kann, wenn sie Sophia ist, nicht Prudentia, nicht Phronesis, sondern Sophia. Sie ist geistig genug, um das Entreißen vom Tod der Materie möglich zu machen, sodass ein neuer Mensch da sein kann.

Wir werden heute versuchen, uns zur Akasha zu erheben, wie wir das immer tun, aber wir tun dies immer bewusster, so dass wir auch wissen, was wir tun. Das reine Denken verläuft nicht am Gängelband der Sinnesorgane, sondern wird aktiv, *selbst, in Gang gebracht* – das ist der erste Schritt des Dem-Tode-der-Materie-Entrissenwerdens.

Solange das Denken Abbildung ist, ist es eine Kopie der sinnlichen Wirklichkeit. Denken ist Abbildung und kommt von selbst, es sind Regungen aus der Erinnerung, Vorstellungen, die mit dem physischen Leib zusammenhängen. Wenn man mit vollem Einsatz des Willens Begriffe entfaltet, die man Schritt für Schritt mit eigener Aktivität entfaltet, dann steht man aus dem Tod der Materie auf und reicht bis zur Akasha, die das Mutterland des Ich ist. Alles, was das Ich in einem ist, ist aus der feurigen Wärme der jungfräulichen Substanz des Ich geformt. Man wäre imstande, die Akasha zu lesen, wenn man imstande wäre, alles hinter sich zu lassen, was mit seinem persönlichen und seinem leiblichen Leben zusammenhängt. Für das Lesen in der Akasha-Chronik muss sich die Seele zunächst wirklich zum Strom der Akasha erheben können. Das Ich ist nicht das Instrument, die Akasha zu finden, sondern es ist da zuhause. Wenn man das reine Denken als eine Wirklichkeit entwickeln könnte, dann ist man darin, man ist damit eins.

Steiner hat das in allen Tonarten beschrieben, auch in der theosophischen Zeit, gefasst in theosophische Worte. ‚Akasha' steht in der Philosophie der Freiheit nicht, aber das ganze Gedankengebäude ist Akasha. So hat Steiner sich an die Terminologie angepasst, aber das dann allmählich doch in europäische Ausdrücke umgeformt. Es ist wichtig, zu wissen, was man spirituell tut, wenn man diese Übungen macht.

Es gibt zwei Begriffe von Freiheit. Der erste Begriff liegt gerade im Gebiet des Todes der Materie. Der Mensch hat nicht das Vermögen, Gott in Wirklichkeit anzuschauen, nicht die Hierarchien, nicht Christus – und ist also frei. Man kann nur dann gegen Gott sündigen, wenn man ihn nicht sieht. Man kann auch nur in Freiheit aus eigener Entscheidung gut sein. Tatsächlich lebt in dieser Freiheit aber auch die allergrößte Unfreiheit. Die eigentliche Wahrheit kommt aus dem höchsten Himmel und wird in die Akasha als Plan des Göttlichen eingezeichnet. Aber das Eingeklemmtsein in das physische Dasein gibt die Möglichkeit, sich zu irren. Frei, aber auch unfrei. Man würde sich erst im höchsten Himmel wirklich befreit fühlen, aber nicht mehr frei sein.

Die andere Freiheit ist das Aufsteigen, das Auferstehen aus dem Tod der Materie; das Entwickeln eines reinen, lebendigen Denkens.

Wir suchen die Freiheit im vollen Angesicht von Christus, der es einem nicht unmöglich macht, nicht gut zu sein, sondern der einem die Freiheit gibt, gut zu sein oder nicht.

‚Nicht ich, sondern Christus in mir' bedeutet dann nicht, dass man das Ich *aufgibt*, um sich mit Christus zu erfüllen, sondern dass, weil man das Ich hinaufarbeitet, dieses mit Ihm vereinigt ist. Man verliert das Ich nicht. Nicht ich, sondern Christus in mir, unter Erhalt des Ich, das sich umformt in ein Ich, das mit dem Christus-Ich vereinigt sein kann. So lebt in der Anthroposophie ein enormer Mut, Mensch zu sein. Nicht der sklavische Mensch, der unter dem Urteil von Gottvater gebückt gehen muss. Sondern der mutige Mensch, der den Mut fasst, zu wissen, dass er es in sich hat, sich so umzuwandeln, dass er ein bewusster Bürger der geistigen Welt sein kann.

Von diesem Standpunkt des Mutes aus – das ist der Turm der Burg des reinen Denkens – werden wir versuchen, eine Übung zu machen, durch die wir vielleicht ein wirkliches Ahnen des Akasha-

Stroms erlangen werden. Heute Mittag werden wir uns durch Übung in das Aufnehmen der Hierarchien in das reine Denken vertiefen. In der Wissenschaft von den Geheimnissen der Seele lernen wir sie als Aktivitäten im Schöpfungsprozess kennen, in der Theosophie als Wesen, die zu den Himmelssphären gehören, in den Klassenstunden in Beziehung zum eigenen Menschenwesen.

Das Besondere von Alanus ist, dass wir den Mut fassen können, uns so zu entwickeln, dass wir die hierarchischen Eigenschaften in uns entwickeln, und dann, auch für einen Moment eins mit ihnen sein zu können. So wird es im reinen Denken möglich, bewusst auf eine Geburt von Christus hoffen zu können.

Was ist der Platz von Christus als die Wahrheit im Reich der Hierarchien?

Er ist der umfassende Platz von allem, er ist die Hierarchien. Ich sehnte mich nach einer Antwort von Steiner auf diese Frage. Die Antwort steht in dem Zyklus ‚*Geistige Hierarchien...*'* in einer Fragenbeantwortung. Da wird irgendwann auch diese Frage gestellt. Christus ist der Führer der Elohim. Die Frage ist: Das sind doch Wesen der Exusiai, wie müssen wir ihn dann im großen Ganzen sehen? Und Steiner antwortet: Christus ist der Sohn in der Trinität, als solcher ist er der ganze Makrokosmos, alle Hierarchien *in einem.* Er ist der Führer aller Hierarchien, er ist ihre Umfassung. Dann sieht man sich selbst, als ein Wesen, das durch mühsame Übung ganz ab und zu einen kleinen Moment lang eins mit einem höheren Wesen sein kann. Dann bekommt man einen Eindruck von sich selbst in Beziehung zu Christus. Christus als umfassendes Wesen, von dem alles ausgeht, alles in Ihm, wir als abgesonderte Wesen, die ab und zu zu einer Vereinigung kommen können.

*

* GA 110: Geistige Hierarchien und ihre Widerspiegelung in der physischen Welt.

SEMINAR

Rotterdam, 21. November 2015

Thomas van Aquin (,Super Evangelium S. Joannis'):

,Zweitens können wir aus dem Dargelegten erschließen, daß das Wort immer in einem lebendigen Denkvorgang aus dem Geist hervorgeht, und weiter, daß das Wort stets der Begriff und ein Abbild des gedachten Gegenstandes ist. Wenn das Denkende und das Gedachte dasselbe sind, dann ist das Wort der Begriff und ein Abbild des Geistes, aus dem es hervorgeht; wenn jedoch das Denkende und das Gedachte etwas Verschiedenes sind, dann ist das Wort kein Abbild und nicht der Begriff des denkenden Geistes, sondern des gedachten Gegenstands, wie die Vorstellung, die jemand von einem Stein hat, lediglich ein Abbild des Steines ist. Wenn aber der Geist sich selbst denkt, dann handelt es sich bei einem solchen Wort um ein Abbild und um den Begriff des Geistes. Deshalb nimmt Augustinus ein Abbild der göttlichen Dreieinigkeit in der menschlichen Seele an, sofern der Geist (Mensch) sich selbst denkt, nicht aber, sofern er etwas anderes denkt. Demnach ist deutlich, daß man das Wort in jedem geistigen Wesen voraussetzen muß; denn aus dem Begriff des Denkens ergibt sich, daß der Geist durch das Denken etwas bildet: dessen Bildung wird Wort genannt. Aus diesem Grunde muß man in allem Denkenden das Wort annehmen.'

,In Gebieten, die von der Materie getrennt sind, ist der Erkennende und dasjenige, was erkannt wird, ein und dasselbe.'

Wir können eine Übung so gestalten, dass wir zuerst ein äußerliches Objekt denken, einen Stein, eine Kerze und so weiter. Dass wir uns realisieren, dass wir dann ein Abbild und einen Begriff des äußerlichen Objektes haben. Aber wir begreifen dann auch, dass es möglich ist, ein Abbild und einen Begriff von mir selbst als Denkendem zu haben.

Was ich dann denke, ist Begriff und Abbild des Geistes, aus dem es hervorgeht. Zuerst Vorstellen eines äußerlichen Objekts – etwa ein Buch. Und dann als zweites Objekt eine Vorstellung und einen Begriff von mir selbst als denkende Aktivität. Wir denken dann den Denker. Es geht also um das Buch als äußeres Objekt, das Denkende als inneres Objekt. Wir müssen dann versuchen, dieses vorzustellen und abzubilden, wie wir es mit äußeren Objekten gewohnt sind. Man kann versuchen, dies mit Verwunderung zu denken, mit Ehrfurcht; man kann versuchen, mit dem gedachten Objekt in Übereinstimmung zu sein und sich liebevoll daran hinzugeben, an das, was dann in einem ist. Keine Gedanken ‚über', sondern wirklich Vereinigung des Denkens mit dem Denkenden.

Es wird meditiert.

Nun werde ich ein Stück von Rudolf Steiner vorlesen, aus dem Jahr 1921, GA 78.

‚Im Naturbeobachten lehnt man sich an die äußere Sinneserfahrung an. Man entwickelt der Sinneserfahrung entgegen die menschliche Gedankenwelt, den Inhalt des Denkens, und es ergibt sich als die wahre Wirklichkeit dasjenige, was sich zusammenfügt aus dem einseitigen Erfahrungsinhalte der Außenwelt und dem einseitigen Inhalte des Denkens. Man ergänzt dasjenige, was, wie ich gestern sagte, als eine halbe Wirklichkeit dem Menschen durch seine Organisation (sein Leib) entgegentritt.'

Wenn es gelungen ist, haben wir das durch das Denken über ein Buch erlebt. Man nimmt das Buch mit den Sinnen wahr, dies ergibt eine halbe Wirklichkeit. Indem man über die Wahrnehmung denkt, ergänzt man dies zu einer ganzen Wirklichkeit.

‚Man kann, wenn man diese Freiheit erfassen will, die ja ein unmittelbar mit dem Menschen identisches Erlebnis ist, nicht an Äußeres sich anlehnen. Man muß das Denken selber verbinden mit demjenigen, was man, ich möchte sagen, in dem Prozesse seines Ichs ist. Man muß dasjenige anschauen, was in der Freiheit vor einem steht (wenn man denkt, MM), aber indem man anschaut, muß man zu gleicher Zeit das Denken entwickeln, wie man es sonst an den Erscheinungen der äußeren Natur entwickelt.'

Wir haben zuerst das Buch wahrgenommen und dann das Denken über das Buch entfaltet. Nun beginnen wir, den Denkprozess in uns selbst anzuschauen, dieser muss dann noch einmal mit dem Denken durchdrungen werden.

,Was Goethe so gefallen hat, als Heinroth sein Denken ein gegenständliches genannt hat, das muß auf einer noch höheren Stufe zutage treten, wenn man die Offenbarung der Freiheit erfassen will, denn Goethe verband sein Denken mit dem Äußerlich-Sinnlichen der pflanzlichen Welt. Da gelang es ihm, das Denken untertauchen zu lassen in das Objekt, mit dem aktiven Denken in dem Objekt selbst drinnen zu leben; aber das Objekt blieb passiv.'

Das merken wir, wenn wir das Buch denken: Dann sind wir selbst aktiv im Denken, aber das Buch ist nicht aktiv, es bleibt passiv.

,Will man dieses, wenn ich es da noch so nennen darf, gegenständliche Denken auf die Freiheit anwenden, dann muß man ein Übersinnlich-Geistiges, das im Menschenseelenweben in fortwährender Tätigkeit ist, noch auf eine viel innigere Weise durchdringen mit der Aktivität des Denkens. Man muß nicht ein Äußerliches, man muß dasjenige, was in einem selber sich entwickelt, mit der Aktivität des Denkens durchdringen. Dadurch aber reißt sich das, was nun Inhalt des Denkens wird, los von einem jeglichen Haften an einem Objekt im gewöhnlichen Sinne.

Was hier das Denken vollzieht (das aktive Denken und dann das Durchdringen dieses aktiven Denkens mit dem aktiven Denken, MM), es wird selber ein Akt der Befreiung. Es hebt sich das Denken, indem es nicht inhaltlos wird, sondern gerade indem es angefüllt ist mit dem intimsten Fließen des Menschenwesens selbst, herauf zu einem freien Flusse, der das eine aus dem andern hervorströmen läßt. Es erfüllt sich der Seeleninhalt mit etwas, das er selber erzeugt und das in seiner Erzeugung zu gleicher Zeit objektiv ist. Der Geist naturwissenschaftlicher Denkungsweise ist heraufgetragen in das Aufsuchen der dem Menschen wichtigsten Seelenresultate.'

Das ist eine Umschreibung des Untertitels der Philosophie der Freiheit.

,Damit aber war für das Gebiet, das dem Menschen als ethisches, als sittliches Wesen zugrunde liegt, die geisteswissenschaftliche Methode geltend gemacht, und diese besteht in nichts anderem als in dem Erleben eines Inhalts, der da ist, wenn das menschliche Seelenleben sich losreißt von dem Haften an einem äußeren Objekte.'

Wenn wir uns vom Denken des Buches zum Denken des eigenen Denkens umwenden, dann reißen wir uns von dem äußeren Objekt los.

,Und wenn die Seele dann noch etwas erleben kann, dann ist das Erlebnis ein übersinnliches. Qualitativ ist dasjenige, was da erstrebt worden ist als seelische Beobachtungsresultate, nichts anderes, als was später von mir geltend gemacht worden ist mit Bezug auf die Erforschung der verschiedenen Gebiete der übersinnlichen Welten. Man wird durch dasjenige, was später geltend gemacht worden ist, allerdings in andere Gebiete geführt als diejenigen, die dem Menschen zunächst im gewöhnlichen Leben vorliegen; aber man verfährt mit Bezug auf das Innerste der Seelenverfassung auch für diese übersinnlichen Gebiete nicht anders, als man zu verfahren hat, wenn man das Wesen der menschlichen Freiheit untersucht, so daß man eine wirkliche Erkenntnis dieses Wesens erhält.

Man beschränkt den Gegenstand der Untersuchung zunächst auf den Menschen als freies Wesen innerhalb der physischen Welt, aber dieses freie Wesen wurzelt in einem Übersinnlichen.

Man bewegt sich in den Freiheitsuntersuchungen in einem Strom übersinnlicher Forschung. Wer dann in vollem Sinne ernst nimmt, was er da eigentlich tut, was da eigentlich in ihm geschieht, indem er sich in diesem Strom übersinnlicher Forschung bewegt, bei dem bietet sich nach und nach selbst der Weg, dasjenige, was er nun angewendet hat behufs Untersuchung der menschlichen Freiheit, auch für weitere Gebiete anzuwenden. Und eines tritt für ihn hervor aus solchen Untersuchungen mit einer deutlich sprechenden Notwendigkeit: daß der Mensch, wenn er sich nur nicht durch naturwissenschaftliche Vorurteile den Weg zur Freiheit verdunkelt, wenn er unbefangen dasjenige im Freiheitswesen untersucht, was ihm im alleralltäglichsten Leben vorliegt, daß der Mensch dazu kommt, wenigstens zunächst für dieses Gebiet anzuerkennen, daß er imstande ist, sich in seinem inneren Seelenleben loszureißen von der Leiblichkeit, die sonst das Werkzeug des Denkens ist, weil diese Leiblichkeit eben gerade das liefern muß, was die äußere Beobachtung bietet, zu der dann der Gedanke als die Ergänzung hinzutritt. Und man weiß, was übersinnliche Forschung ist, wenn man in richtiger Weise geforscht hat über das Freiheitsproblem.

Man steht in dem Geiste dieser Forschung schon drinnen, der dann auch hinaufführt in die Höhe der übersinnlichen Welt.'

Wir müssen uns sehr klar bewusst werden, dass wir zwei Arten von Forschungsobjekten haben. Einerseits können wir die Objekte der Sinne denken, andererseits können wir *die denkende Aktivität selbst* als Inhalt für das Denken nehmen. Wenn man das tut, und es gelingt einem, diesen Denkstrom mit keinem anderen Inhalt als diesem Denkstrom aufrechtzuerhalten, dann wird das Denken nicht inhaltslos, sondern man hat dann diesen Denkstrom als Inhalt. Dann reißt man sich los aus der Leiblichkeit und kommt in einen übersinnlichen Strom des Denkens, das ist die Akasha.

Wenn man Beständigkeit des Geistes hat, dann fühlt man, dass die Gewahrwerdung des so geformten Wortes als Begriff und Abbild des Geistes, aus dem es hervorgeht, an Kraft und Bedeutung zunimmt, während die Wahrnehmbarkeit des Leibes verschwindet.

Es erweist sich als sehr schwer, ‚gegenständlich' zu denken, denkend anzuschauen, ohne hinzugefügte Gedanken. Es ist ungewohnt, so zu denken, als ob man mit dem Denken schaut, ohne dabei Gedanken zu entfalten, die anders sind als das, was man anschaut.

Die Geistbeständigkeit ist, dass man sich in dem Strom des selbst aktiv hervorgebrachten Denkens aufrechterhalten kann. Man hat keine gewöhnlichen Anknüpfungspunkte mehr, nur noch den Strom des Denkens. Man muss von allem Inhalt absehen. Es gibt nichts mehr als nur noch die Aktivität des Denkens; nicht, *was* der Denker denkt, sondern *dass* er denkt. Man muss das Denken mit dem fortwährenden Wecken von Aktivität verbinden. Das Denken hat schon gesprochen, und dieses Objekt lässt man hinter sich, weil man das Denken selbst als Objekt nimmt. Dieser Strom ist ein Nachklang des Denkens über ein Objekt. Aber man lässt das einmal gesprochene Wort hinter sich, und man formt ein neues gesprochenes Wort, das denkende Ich. Das Buch ist fertig, das gefertigte Objekt kann man bedenken. Nun beginnt man, einen Prozess zu denken, ohne alle anderen Objekte. Es ist vergleichbar mit dem Impuls, etwas auszusprechen, aber es hat keine andere Bedeutung, als dass es aktiv ist. Rudolf Steiner hat dies auf allen möglichen Wegen beschrieben: dass man den Quellpunkt seines Ichs denken lernt.

Da ist das Denken Wille, und der Wille ist Denken. Es ist eine Willensentfaltung als Denken, eine Denkentfaltung als Wille. Es geht um die Kraftentwicklung, und man lässt alle Gedankenentfaltung zurück. Man darf ‚Wort' nicht als gedacht oder gesprochen betrachten, sondern die formgebende Kraft selbst ist das Wort. Es gibt keinen Namen, man formuliert nicht, man denkt nicht einmal seine Biografie – es ist nur der Einsatz des Denkens selbst. Es ist das Umkehren des Blickes, statt nach außen nach innen. In dem Moment, wo man sich umkehrt, hat man das Buch nicht mehr, sondern den Einsatz des Denkers. Das ist eine Form von Stille. Aber die Stille kommt von selbst bei der Umkehrung des Blickes.

Man strebt danach, dass der Leib unwahrnehmbar wird, das ist die Befreiung. Aber es ist nicht einfach, das zu erleben. Man widersetzt sich gegen die Befreiung, weil es bedeutet, dass man mit dem Bewusstsein einige Augenblicke ohne Leib existiert. Das ist die Schwierigkeit dieses Prozesses. Den Turm, den Mut, braucht man sehr deutlich.

*

In der Eurythmie wurde versucht, die Stimmungen, die der Mensch braucht, um zur Wahrheit zu kommen, zu eurythmisieren. Das A als Verwunderung, das E als Ehrfurcht-E, das H als Aufgeben allen Widerstands gegenüber dem, dass es ist, wie es ist, das EI als eine liebevolle Hingabe, ein völliges In-Übereinstimmung-Sein mit der Wahrheit. Beim Vorbereiten dieser eurythmischen Übersetzung wurde deutlich, dass es die Klänge des Wortes Wahrheit sind. So wurde geübt: W als ein In-Strömung-Bringen des Denkens, denn im Festen findet man die Wahrheit nicht. Dann A und E, dann R als eine Umkehr von innen nach außen; die Verwunderung und die Ehrfurcht sind noch innere Stimmungen, das H ist schon ein Anschließen an das Objekt, es steht als ein Wendepunkt dazwischen. Also H, EI und schließlich als Abschluss der Abendstimmung D. WAERHEID. Ein großartiges Wort.

Nun werden wir, ausgehend von dem heute Morgen gefundenen Punkt, versuchen, der Charakteristik von Alanus ab Insulis bezüglich der neun Hierarchien zu folgen. Es ist ein Aspekt, den man von jeder Hierarchie aufnimmt, aber es ist ein wesentlicher Aspekt. Wenn wir das als Übung tun wollen, dann brauchen wir die Stimmungen der Verwunderung und der Ehrfurcht unbedingt. Wir müssen uns dann den Satz von Thomas von Aquin ins Bewusstsein bringen, dass alles, was wir sinnlichkeitsfrei denken, auch wirklich als Wesen anwesend ist. Wenn das gedachte Objekt und das Denken ein und dasselbe ist, dann kann man in dem reinen Denkstrom mit Verwunderung und Ehrfurcht die wesenhaften Gedanken der Seraphim aufnehmen. Was man dann denkt, ist zugleich das Wesen, mit dem man eins ist. Wir brauchen Verwunderung und Ehrfurcht, und wir können auch an die Burg in dem reinen Denkstrom denken, die uns die Demut, die Geistbeständigkeit, uns aufrechtzuerhalten, den Mut – anders wagt man es nicht, mit einer so hohen Vorstellung anzufangen – und die Geisteskraft, damit die Gedanken auch Wirklichkeit werden, schenken, indem wir diese in uns aufzurufen versuchen.

Es ist das Besondere solcher Vorstellungen – denn es sind zunächst doch Vorstellungen –, dass diese dennoch etwas Wesentliches werden, natürlich nicht mit einem Mal, aber in gewissem Sinn doch auch unmittelbar, mit einem Mal. Dieses Vertrauen müssen wir auch in uns wecken. Das möge dann ein Vorbild für die Art sein, in der man die Geisteswissenschaft immer aufnehmen müsste. Statt mit dem profanen Denken flüchtig daran entlangzugehen, müsste man so weit kommen, sich durch einen Willensimpuls zu dem reinen Denkstrom zu erheben und dann, erfüllt von Verwunderung, Ehrfurcht, Übereinstimmung mit dem, was man liest, dieses mit liebevoller Hingabe aufzunehmen. Dann wird es ein ‚Erkenntniskultus', dann wird das Studieren der Geisteswissenschaft an sich eine Mysterienhandlung.

Die Übung von heute Morgen wird nun wiederholt, zuerst formen wir eine Vorstellung eines Buches, denken darüber, sind uns bewusst, dass dies das Wort ist und dass dieses Wort ein Abbild des gedachten Objektes ist. Dann kehren wir den Blick zu dem Denker um, der man selbst ist, und man versucht nun auf dieselbe Weise, das Denken zu denken. Man muss wirklich in der denkenden Wahrnehmung der Denkaktivität sein. Wenn wir uns dazu erhoben haben, dann versuchen wir, uns in diesem Denkstrom mit Verwunderung und Ehrfurcht die Seraphim vorzustellen, die ihr Dasein dem feurigen Anbeten Gottes widmen, der sich außerhalb des Gebietes der Hierarchien befindet. Wir können uns ihm nicht nähern, die Seraphim sehr wohl noch. Man muss sich dann eine lebendige Vorstellung von Wesen bilden, deren ganzes Dasein aus dem feurig-liebevollen Anbeten Gottes besteht.

Wir beginnen damit nicht einfach, sondern wir machen erst die zweigliedrige Übung, um uns zur Akasha zu erheben. Wir denken das Buch, aber das Buch bleibt passiv. Dann kehren wir den Denkblick um zum denkenden Geist, der zum Objekt des Denkens wird. Wir durchdringen die Denkaktivität noch einmal mit Denken. Mit dieser sich entfaltenden Denkkraft beten wir dann so feurig und liebevoll wie nur möglich Gott an.

Der Inhalt wird jedesmal meditiert.

Nach einer Entspannung und einem Erwachen im gewöhnlichen Bewusstsein wird die Übung wiederholt. Wir müssen uns daran gewöhnen, uns jedes Mal wieder von neuem die Mühe zu machen, uns zu dem reinen Denkgebiet zu erheben, um dann von da aus zu meditieren – in dem Bewusstsein, dass alles, was da gedacht wird, unmittelbare Wirklichkeit ist.

Nach den zwei einleitenden Schritten stellen wir uns den Prolog des Johannes-Evangeliums vor: Im Anfang war das Wort, und das Wort war bei Gott, und Gott war das Wort. Dies war im Anfang bei Gott. Das hat eine Bedeutung, die auf ein hohes göttliches Geschehen weist, es hat mit Erkenntnis im höchsten Sinne der göttlichen Welt zu tun. Das müssen wir uns als das Wesen der Cherubim vorstellen, sie sind die hohe, erfüllte Erkenntnis Gottes. Wenn der Mensch versucht, sich anhand der Evangelien oder der Geisteswissenschaft zu einer höheren geistigen Erkenntnis zu erheben, dann verbinden er sich mit den Cherubim. Aber das Aussprechen dessen ist etwas anderes als das konkrete innerliche Sich-Erheben zu dem Denkstrom, um darin dann eine Vorstellung von hoher göttlicher Erkenntnis zu formen. Der Prolog ist dafür ein gutes Vorbild, sonst hat man nichts, um seine Vorstellungen zu formen. Keinen Schritt auslassen: Zuerst der Gedanke des äußeren Objcktcs, dann die Umkehr zu dem Gedanken des freien Denkstromes, dann darin so wirklich wie möglich das Dasein der Cherubim formen. Das ehrfürchtige, liebevolle Hegen göttlicher Erkenntnis.

Das Anbeten Gottes ist ein Beispiel von Kontemplation, diese Vertiefung in die Fülle geistiger Erkenntnis ist mehr ein Beispiel für Meditation.

Dann kehren wir zurück zum Alltagsbewusstsein. Dann wird es von selbst deutlich, dass man eine Burg im reinen Denken haben muss, um dies aufbringen zu können: Demut, geistige Beständigkeit, Mut und Geisteskraft.

Dann gehen wir zur Hierarchie der Throne, die als gerechte Richter, als das gerechte Urteil, auf dem Thron sitzen. Es ist nicht nur in moralischen Dingen das richtige Urteil, sondern auch über die gewöhnlichen Dinge. Wenn man so weit kommen könnte, dass man alles im Leben als Wesen betrachten könnte, dann würde man in jedem Moment, in dem man ein richtiges Urteil hat, eins mit den Thronen sein. Alles, was man urteilt, ist dann hierarchisches Geschehen, Aktivität der Throne. Das gibt ein ganz anderes Lebensgefühl, als wenn man sich selbst als ausgeschlossen von der göttlichen Welt betrachten muss, im Gebet nur eine schwache Anlehnung an sie erreichen könnend, aber nie ein konkretes Zusammenleben. Das ist etwas ganz anderes als die Vorstellung des Menschen, die in der Zeit der Schule von Chartres noch lebendig war. Bei Rudolf Steiner finden wir sie wieder: Man ist immer eins mit einem Wesen, was man auch denkt, fühlt und tut. Die Freiheit wird dann, dass man frei ist, sich für das eine oder das andere Wesen zu entscheiden.

Eine dritte Übung wird wieder genau auf dieselbe Weise aufgebaut, um sich ausgehend von diesem innerlichen reinen Denkzustand das gerechte, das richtige Urteil vorzustellen. Man muss lernen, sich meditativ in ein Wesen umzuformen, das richtig urteilt. Das ist die Vorstellung, die wir von den Thronen formen. Man kann auch versuchen, gewahr zu werden, was man erlebt, wenn man richtig und gerecht beurteilt *wird*.

Dann versetzen wir uns von hier aus in die Kyriotetes. Wir haben uns in hohe geistige Wesen eingelebt, und diese Geister der Weisheit nun, auch ‚Herrschaften', Dominationes, genannt, haben als Wesen die Ehrfurcht vor dem Höheren. Wenn ich mich im reinen Denken in Ehrfurcht vor dem Höheren umforme, dann bin ich in dieser Sphäre.

So würden wir *beten* lernen müssen. Sich erst zur Akasha erheben und sich dann mit Ihm vereinigen, der sich mit uns zum Weltenfortgang vereint. Aber dann müssen wir uns durch unser Verhalten dem Tod der Materie entreißen. Durch Ihn kann der Heilende Geist wirken. Dies ist konkret das Gebiet der moralischen Intuition. In der Philosophie der Freiheit finden wir dies philosophisch beschrieben. Aber hier finden wir es konkret. Man erhebt sich zuerst zu dem freien übersinnlichen Denkstrom, dann erfüllt man diese Geistmaterie mit reinen hierarchischen Wesen und konzipiert moralische Intuition, als Befruchtung mit einem Wesen. Man nimmt das, was da an göttlichen Absichten lebt, in gutem Sinne für die Menschheit auf und führt es hier aus. Aber nicht nur im Sinne von Handlungen, sondern wirklich auch dadurch, dass, wenn man sich in das lebendige, moralische, mit den Hierarchien durchtränkte Denken begibt, von da aus die Dinge auf Erden auch wirklich anders geschehen. Wenn man jetzt fühlt, wieviel Mühe man sich geben muss, wie stark man innerlich arbeiten muss, dann bekommt man einen Eindruck davon, wie ein Gebet auch sein kann. Das ist etwas anderes als das Falten der Hände und Beten. Man erhebt sich zur Geistmaterie, der Akasha, mit einem enorm starken Flügelschlag und erfüllt sich da mit der Burg der Hierarchien, die dann in einem denken können.

Hier liegt ein Wendepunkt in den Hierarchien: Wir hatten die feurige Anbetung Gottes, die göttliche Erkenntnis, das gerechte Urteil und die Ehrfurcht vor dem Höheren. Die Dynamis sind auf die Herrschaft über das Niedrigere gerichtet, die weise Herrschaft, und so kehrt sich die Richtung der Wirksamkeit um.

Es geht nicht um das Resultat, sondern um das Tun. Das Tun ist das Ziel, es geht um das Streben, denn das Streben selbst ist das Resultat. Das müssen wir glauben lernen: dass wir uns nicht als strebend nach einem in der Ferne liegenden Ziel betrachten dürfen, sondern auch das Gefühl brauchen, dass man bei jedem Schritt in Wirklichkeit das Ziel erreicht. Dadurch ist es auch möglich, dass wir es tun, denn sonst wäre es eine unmögliche Aufgabe. Man könnte dann eigentlich schon nicht mehr glauben, denn dann wäre es etwas Unglaubliches, dass man je dazu kommen würde.

Es gibt eine großartige Motette von Bach: Der Geist hebt unsere Schwachheit auf! Das ist von Paulus.

Wir selbst sind dieser Geist.

(Es wird gesungen: *‚Ich steh' an deiner Krippen hier',* aus dem Weihnachtsoratorium von J. S. Bach).

*

Um die richtige Essenz zu treffen, ist es wichtig, immer wieder seine Zuflucht zu den Texten zu suchen, die wir haben und die einem den Enthusiasmus geben können, es immer wieder zu versuchen. Ich lese noch einmal den Text von Aristoteles.

Aristoteles (Metaphysik):

‚Das Denken an sich aber hat das an sich Beste zum Gegenstand und das absolute Denken das absolut Beste. Somit denkt die Denkkraft (der Geist) sich selbst, weil sie teilnimmt an dem Gegenstand des Denkens. Dadurch, daß sie nämlich ihren Gegenstand erfaßt und denkt, wird sie selbst Gegenstand des Denkens, so daß Denkkraft und Gedachtes zusammenfallen. Denkkraft ist nämlich die Fähigkeit, das Gedachte und das wesentliche Sein aufzunehmen. Und sie ist aktuell, wenn sie dies tut. Diese Aktualität ist daher noch in höherem Grade das Göttliche, das der Denkkraft eigen zu sein scheint, als jene Aufnahmefähigkeit, und das Lustvollste und Beste ist die Betrachtung. Wenn nun Gott sich immer in dem Zustand befindet, der für uns nur vorübergehend möglich ist, so ist das schon wunderbar; ist er es aber in noch höherem Grade, so ist das noch wunderbarer. Und so ist es in der Tat. Und auch Leben kommt ihm zu. Denn die Energie des Geistes ist Leben; ja er ist Energie. Seine absolute Energie ist bestes und ewiges Leben. Wir behaupten also, Gott sei ein ewiges, vollkommenes Wesen, und ihm komme Leben und ununterbrochenes, ewiges Sein zu. Das ist Gott...'

Sogar in der griechischen Zeit findet man schon ein Vorspiel dieses Bewusstseins, dass, wenn der denkende Geist sich selbst denkt, dies dasjenige ist, was der Mensch an Göttlichem haben kann und soll. Wenn der Mensch dies ab und zu hat, dann ist das wunderbar, aber noch wunderbarer ist, dass Gott immer in diesem Zustand ist.

Ich lese noch einmal die Vorbereitung, und dann vertiefen wir uns wieder in die hierarchischen Wesen.

‚Zweitens können wir aus dem Dargelegten erschließen, daß das Wort immer in einem lebendigen Denkvorgang aus dem Geist hervorgeht, und weiter, daß das Wort stets der Begriff und ein Abbild des gedachten Gegenstandes ist. Wenn das Denkende und das Gedachte dasselbe sind, dann ist das Wort der Begriff und ein Abbild des Geistes, aus dem es hervorgeht; wenn jedoch das Denkende und das Gedachte etwas Verschiedenes sind, dann ist das Wort kein Abbild und nicht der Begriff des denkenden Geistes, sondern des gedachten Gegenstands, wie die Vorstellung, die jemand von einem Stein hat, lediglich ein Abbild des Steines ist. Wenn aber der Geist sich selbst denkt, dann handelt es sich bei einem solchen Wort um ein Abbild und um den Begriff des Geistes.‘

Damit gehen wir weiter in unseren Versuchen, eine Antwort auf die Frage zu finden: Was ist Wahrheit?

Zuerst denken wir ein äußeres Objekt, dann denken wir das denkende Selbst, das wir mit Denken durchdringen. In diesen erhabenen, freien, reinen Denkstrom betten wir dann die Wesensmerkmale, wie sie Alanus für die Hierarchien gibt, formend ein.

Die Dynamis, die Geister der Bewegung, werden von Alanus als die Wesen charakterisiert, die ihr Dasein darin haben, dass sie die weise Herrschaft über das Niedrigere haben, natürlich in göttlich-geistigem Sinne.

Dann können wir weitergehen in eine Umformung der Gedanken in das Wesen der Exusiai, die Beherrschung der Dämonen.

Wir bleiben dann in dem reinen Denken und versetzen uns in das Wesen der Archai, das ist das Verrichten von Wundern, vor denen die Natur weichen muss – das Weichen der Natur durch das Opfer, wodurch Wunder möglich werden.

Dann kommen wir wieder zurück.

Es ist eine außerordentliche Übung, einen ganzen Tag im höheren Denken zu verweilen.

Man findet in den Wirksamkeiten der höheren Hierarchien das Umfassende von Christus wieder.

Man hat Kirchen, die von Menschen aufgesucht werden, um dort um Wunder zu bitten. Es hängen dort Danktäfelchen, dass das Gebet erhört wurde. So gibt es etwa die Madonna del Sasso in Locarno, da hängen kleine Schildchen solcher Wunder. Zum Beispiel ein Auto, das mit zwei Reifen über dem Abgrund hängt, während die Insassen aussteigen, was von der Mechanik her unmöglich ist, das Auto müsste in den Abgrund stürzen... Solche Wunder können wir uns im Bereich der Archai vorstellen.

Dann gibt es noch die Hierarchien der Erzengel und der Engel. Alanus beschreibt, dass die Erzengel die Wesen des Lehrens des Höheren sind. So müssen wir uns vorstellen, dass Rudolf Steiner bei seiner lehrenden Wirksamkeit im Gebiet der Erzengel verkehrte.

Das Lehren in den kleinen Dingen ist das Gebiet der Engel. Ein Lehrer muss während seiner unterrichtenden Tätigkeit bei den Engeln sein.

Wenn wir die richtigen Worte und Taten beim Unterrichten von Kindern finden, dann muss es wohl so sein, dass man in diesem Gebiet ist.

Es wäre gut, sich das regelmäßig vor den Geist zu bringen, dass man beim Lehren der ‚kleinen Dinge' mit den Engeln verbunden ist.

Mit dieser Übung wird auch die Disziplin erlebbar, die nötig ist, um wirklich den Geist zu erreichen. Wenn wir in unserer Welt für die Gelegenheit bitten wollen, dass etwas zustande kommt, was anders ist als das, was überall geschieht, dann brauchen wir diese Disziplin. Wenn ein Weltkrieg ausbricht, dann müssen die Dämonen ihn auskämpfen, dann gibt es keine Möglichkeit mehr, diesen Prozess zum Stillstand zu bringen. Aber wir können jetzt noch dafür beten, dass dies nicht geschieht – trotz aller Worte, die gesprochen werden –, dass die Situation wieder ruhig wird, dass die besten Lösungen gefunden werden.

Wir brauchen eine große Disziplin, um die Sphäre des reinen Denkens zu betreten und dann darin die Burg bauen zu lassen. Wir haben heute versucht, das ‚Maria-Werden' zu suchen, und in diesem Sophia-Wesen haben wir nach den Wesen gesucht, die darin die Burg bauen. Wir müssen wieder so fit werden wie heute Morgen und mit derselben Feuerkraft alle Stadien durchlaufen: Zuerst das äußerliche Objekt, dann das Objekt als Denker an sich, dann ein Durchdringen dessen mit dem Denken – und dann werden wir darin zuerst der geistige Lehrer und dann der Lehrer in den kleinen Dingen.

Dann gehen wir von den Engeln aus Schritt für Schritt noch einmal die ‚Leiter' empor: Lehrer in den kleinen Dingen, Lehrer in den geistigen Dingen, das Verrichten von Wundern, das Beherrschen der Dämonen, die weise Herrschaft über das Niedere, die Ehrfurcht vor dem Höheren, das gerechte Urteil, die Fülle des göttlichen Wissens und die feurige Liebe und Anbetung Gottes.

*

Die Form dieser zwei Tage in Rotterdam wurde von den Geschehnissen der zurückliegenden Wochen gegeben, den Anschlägen in Paris und der Drohung neuer Anschläge.

(Gesungen: *Ich steh' an Deiner Krippen hier...*)

ZWEITER VORTRAG

Berlin, 28. November 2015

Das lebendige Denken

Vor zwei Jahren ungefähr kam ein niederländischer Freund zu mir und fragte: Könntest du nicht mal ein Buch schreiben über Christus und das menschliche Denken? Er hatte scheinbar den Eindruck, dass das für mich eine Möglichkeit ist. Und ich habe dann versucht, ein solches Buch zu schreiben.

Ich hatte das auch schon früher versucht, auf eine andere Weise, in meinem Buch über den heiligen Gral, wo eigentlich das Thema ist, dass, wenn der Mensch sich dazu erheben kann, dass er ein sinnlichkeitsfreies Denken entfalten kann und das dann so stark tun kann, dass diese Entfaltung zu einem Strom, einem erfahrbaren Strom wird – dass dann, wenn man es dann darin durch längere Zeiten hindurch aushalten kann, einmal der Augenblick kommt, dass dieses Denken gleichsam wie erfüllt wird mit Gefühlsströmung.

Also das Erste, was gemacht wird, ist ein sinnlichkeitsfreies Denken, wo eigentlich das Gefühl aus dem Denken heraus ist, wo es reines Denken ist, ganz sinnlichkeitsfrei, aber auch ganz frei von allen unbewussten Einflüssen. Und wenn dann dieses Denken stark geworden ist, dann kommt der Augenblick, dass es sich mit Gefühl erfüllt. Und dieses Gefühl, davon ist dann unmittelbar deutlich:

Dies ist eine Erscheinung von Christus in der ätherischen Welt.

Da ist eigentlich das Denken eine Art von Leib geworden, und dieser Leib wird dann durchwoben von einer Gefühlswirkung, die man eine Seligkeit nennen könnte, aber dann eine *Seligkeit*, die auch traurig ist.

Das habe ich damals versucht zu beschreiben in diesem Buch über den heiligen Gral. Das war damals die Zeit des Buches ‚Der Da Vinci

Code'. Und ich habe versucht, auf meine Art den heiligen Gral zu beschreiben, wobei diese starke Denkströmung dann zum Gral wird, und dieser Gral füllt sich dann mit Substanz.

Aber jetzt ist es schon wieder viele Jahre später, und die Frage ‚Kannst du mal ein Buch schreiben über Christus und das menschliche Denken?' hatte dann für mich doch wiederum einen erweiterten Inhalt.

Ich habe das dann versucht, zu schreiben. Und so, wie ich das hatte beim Schreiben des Buches über den heiligen Gral, hatte ich das jetzt auch wiederum: dass man natürlich ganz gut weiß, dass es nie gelingen kann, so ein Buch; dass das nur eine Art von Stammeln bleiben muss. Aber trotzdem kann man doch versuchen – und das habe ich dann gemacht –, die Erkenntnisse und Erlebnisse mit dem Denken, wie es ursprünglich ganz durch und durch tot war und wie es dann im Verlauf von Jahren der Übung eine Spur der Lebendigkeit bekommen hat und dann immer mehr Lebendigkeit bekommen hat, aufzuschreiben.

Und man weiß dann: So, wie ich damals sicher wusste, diese Gefühlsdurchwobenheit des Denkens ist eine Erscheinung von Christus in der ätherischen Welt – so weiß man auch, wenn das Denken aus dem Tod aufersteht, dass man da dann auch die Hand von Christus fühlt.

Ich gebe viele Vorträge und Seminare, und jedes Mal versuche ich, andere Zugänge zu diesem Thema zu finden. Und jetzt ist es eine Zeit, in der ich sehr deutlich spüre, dass die Frage aufkommt: Wenn es so schwierig wird in der Welt, was hat dann das lebendige Denken für eine Wirkung? Kann das uns wirklich helfen, oder ist es etwas, was nur Sache der einzelnen Persönlichkeit bleibt? Etwas Wunderbares, Religiöses, Erfüllendes, aber trotzdem doch etwas rein Individuelles? Oder ist es doch auch etwas, was, wenn es entwickelt wird, eine viel weitergehende heilende Wirkung hat als nur für die einzelne Person?

Das ist eine Frage, die ich überall spüre, weil ich natürlich immer über das Denken spreche und man selbstverständlich auch weiß, dass man mit dem Denken keine Wunder verrichten kann. Das kann man mit Taten, aber mit dem Denken ist man ziemlich machtlos.

Man kann natürlich damit viel zu verstehen versuchen, aber das ist noch etwas Anderes, als dass man auch wirklich zu Änderungen in der Welt beitragen kann.

Und so habe ich mich auch wiederum – und das ist immer auch auf Anregung von Rudolf Steiner – in ältere christliche Verfasser vertieft. Wir sind zweimal mit einer Gruppe von Interessierten nach Chartres gereist, 2013 und 2014. Und dadurch, dass ich mich darauf vorbereiten musste und wollte, weil ich die Reisebegleiterin war, habe ich mich in die großen Lehrer von Chartres vertieft. Wir finden bei Rudolf Steiner viele Hinweise über diese Schule von Chartres, auch über die Lehrer, die Bischöfe von Chartres. Und wenn man sich dann darin vertieft, dann findet man auch wiederum im Werk solcher Lehrer Hinweise auf noch frühere Schreiber, die auch über die christliche Ansicht des Menschen geschrieben haben.

Ich möchte heute Abend zwei Menschenbilder aus einer Zeit schildern, wo das Denken noch nicht so tot war, wie es jetzt ist. Wo man, wenn man aufnimmt, wie solche Menschen geschrieben haben, wie sie gedacht haben, dann fühlt: Da ist noch etwas von Leben in dem Denken, aber doch schon nicht mehr ein wirkliches lebendiges Denken, nicht ein Denken, das durch und durch lebendig ist, so, wie wir das in der heutigen Zeit wieder erreichen können.

Was wir dann finden, ist, dass in dieser Zeit – 9. bis 12. Jahrhundert – die christlichen Denker wirklich sehr stark gespürt haben, wie gerade das Leben aus dem Denken fortfloss. Das verschwand. Und sie haben noch am Übergang vom lebendigen Denken zum toten Denken gelebt und mit viel Leid erlebt, dass das Denken immer toter wurde.

Wenn wir dann bei Alanus ab Insulis lesen, wie er den Menschen sah, dann ist das wirklich sehr, sehr erfüllend und hilfreich für uns, wenn wir uns diese Frage stellen: Was kann das lebendige Denken für die Welt bedeuten? In dieser Zeit war es noch selbstverständlich, dass man spürte: Wenn ich als Mensch über etwas Äußerliches denke, wenn ich äußerliche Objekte denke, dann bin ich ein Anderer als der

Inhalt meiner Gedanken. Wenn ich aber etwas denke, was über meine sinnliche Leiblichkeit hinausgeht, dann ist es immer so, dass dasjenige, was ich dann denke, dass das auch eine geistige *Wirklichkeit* ist.

Das ist etwas, in das wir in unserer Zeit immer mehr wiederum hineinkommen. Wenn ich zum Beispiel intensiv an jemanden denke, der gestorben ist, dann kann ich immer mehr spüren, dass dieser Gestorbene auch wirklich da ist. Da hat man also ein Ereignis, dass man weiß: Wenn ich den Gestorbenen denke, dann ist er auch wirklich da. Das ist etwas ganz Anderes, als wenn ich über einen lebendigen Freund nachdenke, der vielleicht in Amerika wohnt. Wenn ich über ihn denke, dann ist er vielleicht geistig bei mir, aber er ist nicht so bei mir, dass ich sicher bin: Er ist auch wirklich leiblich bei mir. Das ist, wenn man geistig denkt, aber der Fall. Dann ist es nicht eine Ahnung, dass dieses Geistige, das ich denke, auch wirklich mit mir vereint ist, sondern das ist eine Wirklichkeit. Da kommen wir in unserer Zeit wieder immer mehr hinein.

Aber in der Zeit von Alanus ab Insulis war das noch eine Sicherheit, dass dies so ist. Also wenn ich über etwas Sinnliches denke, bin ich nicht mit dem Sinnlichen eins. Wenn ich aber etwas Geistiges denke, dann sind Objekt und Subjekt, der Denker und der Gedanke, ein und dasselbe.

Und so stellte man sich damals vor, dass Maria erfüllt war von einer reinen Geistigkeit, einer reinen Geistmaterie. Wir finden diese Bezeichnung bei Rudolf Steiner wieder, eine Feuer-Geistmaterie, wenn er die Akasha-Substanz beschreibt. Aber Alanus beschreibt also Maria als erfüllt von einer reinen, feurigen Geistmaterie. Und in dieser Geistigkeit in ihr musste durch die himmlischen Hierarchien eine Burg gebaut werden. Dadurch, dass durch die Hierarchien diese Burg in Maria gebaut wurde, wurde es möglich, dass sie den Leib empfing, der dann bei der Taufe im Jordan die Christus-Wesenheit in sich aufgenommen hat. Und dann beschreibt Alanus, was eigentlich diese Burg ist. Was ist das, was die höheren Hierarchien in diese Feuer-Geistmaterie gebaut haben? Es ist die Stimmung der Demut; das ist der Wall der Burg. Die Mauer ist die Geistbeständigkeit. Der Turm ist Mut. Und das Bollwerk ist die Geisteskraft.

Wenn wir dies also bildlich vorstellen, dass eine heilige Geistmaterie dagewesen ist, die zu einer Burg geformt wurde, in der dann eine Conceptio stattgefunden hat, dann gibt dies eine Ähnlichkeit mit demjenigen, was wir heute in unserer Zeit *selbst* an uns zu tun haben.

Rudolf Steiner beschreibt das reine Denken als ein sinnlichkeitsfreies Denken. Aber das ist nicht schon diese feurige Geistmaterie. Dazu muss dieses reine Denken noch etwas mit sich selbst vornehmen, wodurch es nicht mehr ein totes, abstraktes sinnlichkeitsfreies Denken bleibt, sondern wirklich etwas Geistiges wird. Das haben wir heute Mittag versucht, in eine Übung umzuformen, gerade dadurch, dass wir versucht haben, uns bewusst zu werden, dass es möglich ist, dass die denkende Tätigkeit, die der Geist ausüben kann – der Mensch selbst –, dass diese denkende Tätigkeit selbst auch wiederum gedacht werden kann. Das ist dann nicht ein Denken über das Denken, sondern das ist ein denkendes Denken oder ein Denken des Denkens, aber nicht ein Denken *über* das Denken. Und wenn wir dann solche Übungen machen, dann spürt man immer wieder, dass das gerade die Schwierigkeit ist: dass man nicht *über* das Denken denken soll, denn das würde bedeuten, dass man zum Beispiel eine Logik schreiben würde; sondern dass das Denken selbst als Tätigkeit vorgestellt wird, gedacht wird. Und wenn das möglich werden würde, dann wären wir in der Lage, dass wir in diesem geistigen Strom, der dann in uns fließt, der feurig ist, der geistig ist und wo man das Gefühl hat, er hat auch Substanz – dass man darin *arbeiten* kann.

Das Wunderbare ist dann, dass Alanus eine Hierarchienlehre gibt. Und es ist interessant, diese Beschreibungen, die er von den neun Hierarchien gibt, zum Beispiel in Verbindung mit dem zu bringen, was Rudolf Steiner über die Hierarchien gelehrt hat. Aber Alanus gibt in seiner Michael-Predigt also eine Hierarchienlehre. Und darin ist vor allem so wunderbar erschütternd, dass er fest auf dem Standpunkt steht, dass, wenn der Mensch denkend, fühlend, wollend dasjenige innerlich auszuführen versucht, was eine Hierarchie als wesenhafte Eigenschaften hat, dass dieser Mensch dann in diesem Moment sich auch wirklich mit dieser hierarchischen Wesenheit vereinigt; dass es also nicht abstrakt bleibt; dass es nicht so ist, dass ich über einen Engel denke, sondern wenn ich denke, was die Engel tun, und ich kann das wirklich stark denken, ich kann es vielleicht sogar ein wenig ausführen, dann ist Mensch und Engel eins.

Und so hat er dann diese Lehre der Hierarchien als reale Wirksamkeiten beschrieben. Und wenn man ein lebendiges Denken sucht, dann sind das wunderbare Übungen, die man machen kann: dass man zuerst versucht, aus dem sinnlichen Denken herauszukommen; dass man also ein sinnlichkeitsfreies, reines Denken entfaltet. Dass man dann aber versucht – dadurch, dass man dieses reine, sinnlichkeitsfreie Denken aktiv entfaltet, so energisch wie möglich –, diesen durch einen selbst hervorgebrachten Denkstrom nicht nur anzuschauen, sondern auch gedanklich zu durchweben. Und wenn man dann in einer solchen Lage sich fühlt, kann man sich mit Alanus in diese neun Hierarchien vertiefen und kann dann das Vertrauen haben, dass man diese Hierarchien auch wirklich erreicht; dass es also nicht eine ewige Trennung geben muss, wenn man auf der Erde herumgeht, sondern dass es Augenblicke geben kann, in denen eine Vereinigung mit der himmlischen Welt zustande kommen kann.

Alanus fängt dann hoch oben an. Und man muss sich vorstellen – so hat man sich das noch lebendig vorgestellt –, dass es eine geistige Welt gibt, die hoch über den Menschen hinausragt, dass aber da gewissermaßen eine Grenze kommt, wo der Mensch nicht weiter emporsteigen kann und wo auch die höchsten Hierarchien nicht hinüber können. Da ist der Kreis oder die Sphäre des Vaters.

Und die höchste Hierarchie, die Seraphim, die verbringen ihr Leben damit, dass sie *mit aller Liebe und allem Feuer, die sie haben, Gott anbeten.* Sie tun gleichsam nichts anderes, als in Anbetung für den höchsten Gott zu leben, mit feuriger Liebe, die sie haben.

Und das kann man als Mensch, machtlos, wie man ist, doch ein wenig ‚nachmachen'. Das hat man in der Schule von Chartres auch praktiziert, eine Kontemplation der Gottheit, eine Kontemplation der liebevollen Anbetung von Gott. Und wenn man das versucht, dann kann eigentlich nichts anderes geschehen, als dass man seine geistig-seelische Machtlosigkeit fühlt. Denn gerade dadurch, dass man versucht, das so lebendig und energisch wie möglich zu machen, und man weiß, dass man dann wirklich mit den Seraphim vereinigt ist, wird der Kontrast natürlich sehr stark spürbar. Schwach im Feuer, schwach in der Liebe, schwach im Gebet, schwach in der Gottesvorstellung, schwach in der Vorstellung der Seraphim – da weiß man schon, wie tot auch das reine, sinnlichkeitsfreie, zum Lebendigen hinneigende Denken noch ist. Machtlos ist es! Aber trotzdem ist dieses kleine Bisschen, dass man dann doch spüren kann, etwas, was mehr bedeutet, ja, ich möchte sagen: als alles andere in der Welt. Und da fängt schon ein Vertrauen an, zu wachsen, dass eine geistige Welt wirklich existiert und dass sie sich um uns kümmert. Dass es nicht etwas ist, was weit von uns weg ist, wo wir erst wiederum hineingehen werden, wenn wir gestorben sein werden; sondern dass es wirklich eine Sphäre ist, in der wir immer auch darinnen sind, und dass diese Wesen, die da dem Gott so nahe sind, dass diese sich um uns kümmern.

Der nächsten Hierarchie, der Hierarchie der Cherubim, nähern wir uns dadurch, dass wir soviel wie möglich göttlich-geistige Erkenntnis, Weisheit aufnehmen. Da können wir uns glücklich preisen, dass es mehr als dreihundertfünfundsechzig Bände Gesamtausgabe gibt, die wir dazu verwenden können, dass wir diese göttlich-geistigen Erkenntnisse auch wirklich aufnehmen können. Denn sonst würde das doch eine leere Sphäre bleiben; da könnten wir uns nicht richtig vorstellen, was *die Fülle der göttlichen Erkenntnis* der Cherubim eigentlich ist. Wenn wir also Anthroposophie studieren, können wir immer auch meditativ versuchen, zu spüren, dass da die Cherubim mit uns sind. Und wenn man das macht, dann fühlt man wiederum, wie machtlos unsere Erkenntnisse sind. Aber zu gleicher Zeit bekommt man doch auch eine wirkliche Ahnung davon, wie hoch erhaben, heilig, diese göttlich-geistige Erkenntnis ist. Und so wird man dann immer weniger profan diese Erkenntnisse aufnehmen. Denn das haben wir natürlich als eine Art von moderner Krankheit in uns, dass wir, sobald wir uns der Erkenntnis etwas nähern, dass dann eine Profanisierung eintritt. Das Gefühl hat noch die Möglichkeit, anders damit umzugehen, aber das Denken profanisiert – nur dann nicht, wenn wir solche Vorstellungen mitnehmen, wenn wir studieren, dass es wirklich die Fülle der Erkenntnis der Cherubim ist, die wir aufnehmen.

Dann erreichen wir die Throne dadurch, dass wir uns dazu erheben, im Großen und im Kleinen so viel wie möglich ein *richtiges und gerechtes Urteil* zu haben. Die Throne sitzen auf dem Richterthron, sind richtende Wesen, und sie haben das richtige, gerechte Urteil über alles Große und auch über alles Kleine. Wenn der Mensch sich Mühe gibt, seine Urteile nicht nach der eigenen Gefühlswelt zu formen, sondern nach demjenigen, was Wirklichkeit ist; dass man sich also darin schult, enthaltsam in seinen Urteilen zu sein und eigentlich die Wirklichkeit selbst in sich das Urteil aussprechen zu lassen – das ist die Qualität der Throne. Und wir können also das Vertrauen haben, dass wir uns mit ihnen, dass sie sich mit uns jedes Mal vereinigen, wenn unser Urteil richtig und gerecht ist. Und das sind nicht nur Vorstellungen – das könnte sein, dass man sagt: ja, das hat Alanus einmal in einer Predigt gesagt und das sind dann doch *Gedanken*; und wer sagt, dass sie wahr sind? –, das kann jeder Mensch für sich selbst beweisen, wenn er ausführt, was in dieser Predigt gepredigt wird, nämlich das Sich-Erheben zu neun hierarchischen Qualitäten.

Dann kommen wir in den Bereich der zweiten Hierarchie. Wir waren im Bereich der ersten Hierarchie, jetzt steigen wir weiter hinunter und kommen zu den Kyriotetes. Von ihnen sagt Alanus: Das sind Wesen, die ihre Existenz darleben in Ehrfurcht vor dem Höheren. Immer da, wo *Ehrfurcht vor dem Höheren* ist, da wirken die Kyriotetes. Das können wir erleben lernen. Zuerst muss man es wissen. Aber wenn man es weiß, dass man die Kyriotetes so erleben darf, dass sie Ehrfurcht vor dem Höheren sind – sie sind natürlich noch viel mehr differenziert als nur das, aber umfassend ist die Ehrfurcht vor dem Höheren –, können wir immer wieder spüren, wie diese Geister bei uns sind. Das kann man sich selbst beweisen.

Da haben wir vier Hierarchien erlebt, die sich vor allem nach dem Göttlichen wenden, nach oben. Jetzt kommt eine Art von Wendepunkt, und die Qualitäten der Hierarchien, die mehr nach den niederen Stufen gehen, sind mehr auf das gerichtet, was unter ihnen steht.

Die Dynamis müssen wir uns dann als Wesen vorstellen, die *die weise Herrschaft über das Darunterstehende* sind. Sie herrschen über das Niedrigere, und sie haben die Weisheit dazu. Auch jeder Mensch herrscht über das Niedrigere, und wenn wir dies weise tun lernen, dann fühlen wir uns mit der Hierarchie der Dynamis eins.

Die Exusiai sind die Wesen, die die Fähigkeit haben, die *Dämonen in Schranken zu halten, zu beherrschen.* Alles, was der Mensch tut, wodurch er sich über sein Dämonisches in ihm erhebt, ist Kraft der Exusiai.

Die Archai sind die Wesen, die dadurch, dass geopfert wird, Wunder wirken können. Da kommen wir in einen Bereich, wo man empfinden kann, dass es Wesen gibt, die, wenn wir uns in der richtigen Art innerlich verhalten können, uns helfen werden, dass *Wunder geschehen.* Das können wir selbst nur, wenn wir moralische Intuitionen haben und diese moralischen Intuitionen in Taten umsetzen können. Da verrichten wir Handlungen, die nicht in den karmischen Verhältnissen liegen, und in diesem Sinn könnte man sie *Wunder* nennen. Dieses Gefühl habe ich immer sehr stark, wenn über moralische Intuition, Phantasie und Technik gesprochen wird, dass das Wunder-Technik ist. Nicht, dass man damit zum Beispiel unmittelbar wunderliche Heilungen oder so etwas zustande bringt, aber die Tatsache, dass etwas auf Erden geschieht, was auf freier Geistigkeit beruht; darauf, dass ein Mensch da ist, der wirklich durchschaut, was gut ist und was er an Gutem tun will, und der dies dann auch wirklich mit Liebe vollführt – da geschieht ein Wunder. Aber wir brauchen noch größere Wunder. Wir brauchen zum Beispiel auch Heilkräfte, und wir brauchen Heilkräfte für den sozialen Organismus. Wir brauchen Wunderkräfte, damit die Weltlage uns nicht in einen Dritten Weltkrieg hineinführt. Das sind Wunder, die wir brauchen. Und wenn man dann einmal wirklich davon durchdrungen wird, dass es reale geistige Wesen gibt, die Wunder bewirken können und dass man sich als Mensch mit seinen Fragen auf diese Höhe erheben kann, dann gibt das doch wiederum viel Zuversicht und Vertrauen und eine Art von Glauben an eine gute Zukunft.

Aber man muss innerlich sehr wohl aktiv sein. Es ist nicht genug, dass wir so ab und zu ein kleines Gebet sprechen. Wir sollten so weit kommen, dass wir einsehen, dass es eine hierarchische Welt gibt, dass diese hierarchische Welt uns immer freier lassen muss, nicht eingreift, bis wir Menschen darum bitten – und dann *so* bitten, dass es durch diese Wesen auch gehört wird.

Denn man kann sich vorstellen, wie unsere Erde aussieht. Sie ist ein elektrotechnischer Apparat geworden, denke ich. Wenn man es von außerhalb anschauen würde, dann sieht man etwas, was auch ein Apparat geworden ist – es ist auch noch etwas anderes, aber das ist es auch. Und dasjenige, was als Strahlung um unsere Erde herum stark *unternatürlich* wirksam ist, das bildet auch eine Art von Schild, durch den unsere gewöhnlichen, schwachen Bild-Schein-Gedanken nicht mehr hindurchkommen. Wir brauchen also ein viel stärkeres, bewussteres Denken als das, was wir von Natur aus haben. Aber dann, wenn wir dies immer wieder versuchen, dann werden die Fragen und Bitten, die wir innerlich haben, nach Wundern zum Beispiel, auch gehört werden. Und dann kann man nicht mehr sagen, das Denken ist zu lahm und zu machtlos, um etwas in der Welt zu ändern. Natürlich, das Denken selbst kann es nicht. Aber das Denken kann so gestaltet werden, dass es fragend wird.

Bei den Exusiai habe ich noch vergessen, etwas zu sagen. Das ist etwas, was Rudolf Steiner in der Zeit des Ersten Weltkrieges stark betont hat. Und das ist, dass, wenn wir in uns selbst die Dämonisierungen bezwingen; wenn wir also dasjenige, was in uns selbst als Böses nun einmal wirksam ist – wenn wir den Mut entwickeln, dies in Wahrheit anzuschauen und auch zu überwinden –, da wird innerlich gekämpft. Wenn der Mensch dies tun muss, dann bedeutet dies, einen harten Kampf zu führen. Und Rudolf Steiner betont mehrmals sehr stark: Wenn der Mensch dies tut, diesen Kampf in seinem Innern zu führen, damit die Dämonen in Schranken gehalten werden, die richtige Stelle bekommen, dann braucht dieser Kampf in der äußeren Welt nicht mehr aufzutreten. Es gibt also wirklich Möglichkeiten für uns, in die Welt heilend hineinzuwirken, aber nicht dadurch, dass wir mit gewaltigen Bewegungen oder Gruppenaktivitäten oder was auch immer versuchen, die Urteile zu ändern, denn das wird nicht wirken. Was aber wirken wird, ist, wenn der Mensch in sich selbst den Kampf führt. Dann wird der Krieg äußerlich überwunden.

Und meine Erfahrung ist, dass nur wenige Menschen das auch wirklich glauben. Ich meine, sie lesen es und sagen Ja, aber das ist doch noch etwas Anderes, als dass man es auch so intensiv für wahr hält, dass man dann eigentlich unmittelbar die Sehnsucht bekommt, an sich selbst zu arbeiten. Denn dann glaubt man es eigentlich erst – wenn es dazu führt, dass man dann auch sich selbst anzuschauen wagt und dann versucht, einige Eigenschaften in sich selbst zu wandeln. Aber das ist Exusiai-Sphäre, und die Wunder-Sphäre ist Archai-Sphäre.

Wenn wir als Menschen die Weisheit und die Wahrheit zu lehren versuchen, so in die Welt zu bringen, dass andere Menschen davon etwas haben, dann sind wir in der Nähe der Archangeloi. Das sind die *Lehrer der Geisteswissenschaft.* Die Cherubim sind selbst die Erkenntnis, und die Archangeloi sind die Lehrer dieser Erkenntnis.

Die Engel sind dann die *Lehrer*, so sagt es Alanus, *in den kleineren Dingen.* Ich stelle es mir dann vor, dass eine Lehrerin oder ein Lehrer in einer Schule eigentlich immer das Heil bei den Engeln sucht, weil die Engel die Sphäre sind, in der das mehr gewöhnliche Lehren, Lernen zustande kommt.

So können wir uns vorstellen, wenn wir das meditativ machen würden, dass da in unserem reinen, sinnlichkeitsfreien, kräftigen Denken etwas hineingebaut wird, eine Art von Aufbau auf dem Menschen, wodurch wir Menschen eine Verbindung, eine bewusste und immer bewusster werdende Verbindung mit der Welt der wirklichen Absichten bekommen. Davon sind wir nicht getrennt, sie wirken unbewusst in uns, wir haben kein Bewusstsein davon. Und dies ist eine Aufgabe für meditative Entwicklung, wodurch wir wieder bewusst in Verbindung mit diesen höheren Wesen kommen können, die die göttlichen Absichten zu verwirklichen haben.

Und hier auf der Erde ist allerlei im Gange, was gerade entgegen diesen göttlichen Absichten wirkt, das ist deutlich. Wir haben da eine große Machtlosigkeit, denn erstens ist es schon fast unmöglich, richtige Urteile über dasjenige zu formen, was sich ereignet, weil die Medien so beeinflusst sind durch Allerlei – allerlei Verschiedenes auch –, dass man, wenn man die Nachrichten bekommt, eigentlich während des Aufnehmens der Nachrichten schon weiß: Ich werde von dieser Seite und von dieser Seite und von da und von dort betrogen. Und was ist nun wirklich los? Man kann da natürlich verschiedene Wege gehen. Einer der Wege ist, dass man einfach die Nachrichten mit starkem Denken hinnimmt, ohne Schlussfolgerungen zu haben; dann eigentlich eine Art von gegenständlichem Denken einsetzt und dann hofft, dass durch dieses kräftige Denken hindurch eine Art von Wahrheitsempfinden zustande kommt. Aber in erster Linie ist es doch so, dass man weiß: Was ich auch höre, ich habe nicht die Sicherheit, dass es sich auch wirklich so abgespielt hat. Alles ist immer umgedeutet und wird anders gebracht, als es eigentlich ist. Und wie soll man sich dann darin urteilend verhalten? Da fängt die Machtlosigkeit schon an.

Und dann weiß man natürlich, dass die Reformaktivitäten eigentlich auch in dieser Wirrnis von Betrug und Lüge darinnenstecken. Rudolf Steiner sagte schon in seiner Zeit, dass das kranke Denken, das diese Weltlage herbeigeführt hat, natürlich nicht diese Weltlage heilen kann, denn es ist dasselbe kranke Denken, das versucht, die Krankheit zu ‚reformieren'. Mit demselben Denken geht das eigentlich nicht. Was soll dann eine Reform bewirken?

Schon in meiner Schulzeit mussten wir Politik studieren, verschiedene politische Parteien studieren und dann wissen, was die eine Partei und die andere Partei, was sie alle für Meinungen, Urteile, Absichten usw. haben. Und schon da ging es mir so, dass ich überhaupt keine Wahl treffen konnte, weil man immer bei der einen Partei das eine und bei der anderen Partei das andere und bei noch einer anderen Partei wieder etwas anderes richtig findet und dann auch wiederum weiß, dass doch nichts davon gemacht wird.

Also wie soll man in die Welt eingreifen, wenn es nicht durch gedachte Absichten geht, wenn man nicht einmal die Wahrheit kennt und wenn dasjenige, was an Politik da ist, eigentlich in derselben Wirrnis drinsteckt wie das ganze übrige Geschehen auch?

Und da brauchen wir doch wirklich ein Bewusstsein, dass es noch eine höhere Welt gibt als die menschliche und dass diese höhere Welt mit uns viel bessere Absichten hat, als wir sie selbst haben können, dass wir aber dafür sorgen müssen, dass der Weg rein bleibt, damit diese Absichten auf der Erde auch wirksam bleiben können.

Für mich ist es keine Frage – es ist eine Frage, aber die Antwort ist deutlich –, ob das lebendige Denken in der Heilung der Krankheit der Welt wirksam ist. Für mich ist das dann ein volles ‚Ja', und da würde ich gerne predigen, predigend durch das Land ziehen und das überall sagen: Fange doch damit an, das lebendige Denken zu entwickeln, denn das wirkt wirklich Wunder! Und zuerst bemerkt man das natürlich an seinen eigenen Krankheiten: wie diese geheilt werden.

Alanus ab Insulis verweist immer wieder auf einen früheren Denker, und das ist Johannes Scotus Eriugena. Dadurch, dass ich mich in diese Schule von Chartres und die Lehrer von Chartres vertiefte, kam ich auch auf diese Inhalte von Johannes Scotus Eriugena.

Und damit will ich dann abschließen. Dies reicht noch etwas weiter in der Zeit zurück, ins 9. Jahrhundert. Da lebt dieser Mensch, und er hat noch eine Art von Vision von der menschlichen Erkenntnis, wie sie in der menschlichen Seele lebt. Nur ist es so, dass das doch schon abstrakt wird. Rudolf Steiner hat in einigen Vorträgen über ihn gesprochen, und er sagt einerseits: Wenn man das Denken von Scotus Eriugena aufnimmt, dann spürt man, dass da schon das Christentum nicht mehr diese Lebendigkeit hat, die es kurz nach dem Ereignis auf Golgatha gehabt hat; da ist schon vieles Lehre geworden, und diese Lehre wird immer abstrakter und abstrakter. Aber andererseits, wenn man dies mit einem geistigen Denken aufnimmt, dann spürt man doch noch immer, wie diese mittelalterlichen Denker eine reale Ansicht der menschlichen Seele gehabt haben.

Eriugena sagt: Die Seele hat drei Bewegungen. Die *erste Bewegung* ist die wesentliche Bewegung, sie geht über die Natur der Seele hinaus, und die Seele selbst kann sie eigentlich nicht kennen. Es ist also eine so erhabene Bewegung, dass die Seele nicht genügend Kraft hat, um sich zu diesem Gebiet hinaufzuschwingen. Und in dieser ersten

Bewegung, da lebt die Ursache aller Bewegung, da lebt der Beweger selbst, und er ist auf keinerlei Weise in Gedanken zu fassen und auch nicht auszusprechen. Aber es ist eine Bewegung der menschlichen Seele, nur kann sie nicht mit ihrem Bewusstsein dahin kommen.

Dann gibt es eine *zweite Bewegung* der Seele, und die wird Vernunft genannt. Und mit dieser Vernunft erkennt die Seele, dass die erste Bewegung die Ursache von allem ist. Das ist eigentlich die einfache, einheitliche Erkenntnis, die die zweite Bewegung hat, nämlich, dass die erste Bewegung Ursache von allem ist und nicht gedacht und nicht ausgesprochen werden kann. Die Vernunft weiß das. Sie kann nicht Gott denken und auch nicht aussprechen, aber sie weiß, dass Gott die Ursache von allem ist, und sie weiß auch, dass sie nicht imstande ist, Gott zu denken oder auszusprechen. Und dieses einheitliche Wissen von der Ursache, das verteilt sich dann in die Universalia, die allgemeinen Begriffe der Vernunft. Also ursprünglich eine einheitliche Erkenntnis der Ursache, die sich dann verteilt in eine Vielfältigkeit von Ursachen, und das sind die allgemeinen Begriffe der Vernunft.

Dann gibt es eine *dritte Bewegung* in der Seele, und diese dritte Bewegung wird ‚Sinn' genannt. Und dieser Sinn hat zwei Seiten, eine äußere Seite und eine innere Seite. Mit dem äußeren Sinn lehnt sich die einheitliche Seele an die *Sinne* an. Man kann das fast fühlen, wenn man das liest: dass da die einheitliche bewegende Seele, die sogar bis zur Gottheit hinauf reicht, dass sich diese einheitliche Seele in den Begriffen vervielfältigt hat, sich dann aber in die Bewegung begibt, die dritte Bewegung, und sich dann an die Sinne anlehnt und da die Sinneseindrücke bekommt, die dann mit dem äußeren Sinn – das ist ein zusammenfassender Sinn – erfasst werden. Das können wir in uns selbst auch nachvollziehen: dass wir eine große Menge von verschiedenen Sinneseindrücken haben und dass dies alles zusammen zu einem Gesamtbild der Wahrnehmung gefügt wird, das tut der Sinn. Die Sinne sind physische Instrumente, physischer Leib, aber der Sinn ist schon seelisch. Und dieser äußere Sinn, der also zu einem einheitlichen Gesamtbild der Sinneseindrücke kommt, schaut sich gleichsam um, zum Geist, und wird innerer Sinn.

Und dieser innere Sinn hat eine Verwandtschaft mit dieser vervielfältigten einheitlichen Idee, nämlich mit den Universalien. Und so kann die zweite Bewegung der Seele, die Vernunft, dadurch dass sie die allgemeinen Begriffe immer weiter spezifiziert, vervielfältigt, sich mit dem inneren Sinn verbinden, wodurch der Mensch weiß, was die Ursachen der Dinge sind.

Diese Erkenntnis ist bei Scotus Eriugena eigentlich eine Art von Gespräch zwischen einem Lehrer und einem Schüler, der Titel ist ‚Vom Wesen des Menschen'. Und das Wunderbare ist dann, dass da gesagt wird, dass in diesen einheitlichen Bewegungen der Seele kein Irrtum möglich ist. Eigentlich ist dies also ein ganz heiliges, gesundes Werkzeug, die Seele, die aus drei Bewegungen besteht.

Wenn die Seele es zustande bringen könnte, von oben herab, in Bewusstsein, zu erkennen, dass alles, was um den Menschen herum ist, dass das seine ursprüngliche Ursache in der ersten Bewegung hat, wo Gott selbst der Beweger ist, dass Gott selbst dann wie ein Künstler die zweite Bewegung als Material genommen hat und darin sein Wort gesprochen hat – also der Gott aus der ersten Bewegung nimmt die zweite Bewegung als Material, als Stoff für seine Kunst und ergießt in diesen Stoff das göttliche Wort, den Sohn, das ist die Bewegung der Vernunft –; und wenn man von diesen Universalia aus immer mehr in das Spezielle geht, dann irrt der Mensch nicht. Er irrt, wenn er bei der Wahrnehmung anfangen muss und dann ein Denken entwickeln muss, was nicht unmittelbar als eins mit der Wahrnehmung erlebt werden kann.

Das ist wirklich ein wunderbares Stückchen Text, es ist nicht einmal so lang, und wenn wir das aufnehmen – mir geht es wenigstens so –, dann tritt die ganze Großartigkeit der christlich-menschlichen Lehre in Erscheinung, und man wird eigentlich in seinen Grundfesten erschüttert, weil da etwas gegeben wird, was man selbstverständlich als wahr empfindet – da gibt es eigentlich überhaupt keine Möglichkeit zu zweifeln, denke ich.

Aber das ist verloren gegangen, und es hat eine Umkehrung stattgefunden. Wir sind nicht so auf die Welt gekommen, dass wir aus der ersten Bewegung der Seele bewusst in die zweite hinuntergehen, dann bewusst in die dritte, dann bewusst in die Sinneswahrnehmung hineingehen und dann irrtumsfrei erkennen. Wir haben eine andere Position erlangt, und das ist die Position, die zur Bewusstseinsseele gehört, das ist, dass sich für uns die Wahrnehmung als eine feste Wirklichkeit zeigt und dass unser Denken etwas ist, was nur ganz flüchtige Scheinwirklichkeit ist, wobei man eigentlich nicht anders kann, als die Wahrnehmungswelt als das Wirkliche anzusehen und die Denkwirklichkeit als das Unwirkliche anzusehen.

Bei diesen Denkern war es noch ganz umgekehrt, da war die Denkwelt noch die Wirklichkeit, und diese Denkwelt differenzierte sich bis in die Sinneswerkzeuge hinein.

Wenn wir aber die ‚Erkenntnistheorie der Goetheschen Weltanschauung' von Rudolf Steiner aufnehmen, in dem Kapitel über das Denken, dann finden wir eigentlich diese Lehre von Johannes Scotus Eriugena wieder, und wir können sagen: *Das ist wiederum unsere Zukunft!*

Das ist es, was ich heute Abend zeichnen wollte: Eine Möglichkeit für uns Menschen, eine feurige Geistmaterie in uns zu entwickeln, als ein entwickeltes reines Denken; dann die Hilfe der höheren Hierarchien, die wir fragen, bitten können, um durch ihre Kräfte, durch uns hindurch, in der Welt wirksam zu sein.